古风新韵

铸就中国精神的长城

编著　董耀会　杨广文

江苏凤凰科学技术出版社 · 南京

图书在版编目（CIP）数据

古风新韵：铸就中国精神的长城 / 董耀会，杨广文编著 .—南京：江苏凤凰科学技术出版社，2024.4

（改变世界的长城丛书）

ISBN 978-7-5713-3437-6

Ⅰ.①古… Ⅱ.①董… ②杨… Ⅲ.①中华民族—民族精神—研究 Ⅳ.① C955.2

中国国家版本馆 CIP 数据核字（2023）第 017238 号

《改变世界的长城丛书》

项目策划　长城（城堡）志愿者同盟

技术支撑　上海沃友文化有限公司

改变世界的长城丛书

古风新韵：铸就中国精神的长城

编　　著　董耀会　杨广文
责任编辑　黄　山　李　纯
装帧设计　刘旭东
责任校对　仲　敏
责任监制　刘文洋

出版发行　江苏凤凰科学技术出版社
出版社地址　南京市湖南路 1 号 A 楼，邮编：210009
出版社网址　http://www.pspress.cn
照　　排　南京紫藤制版印务中心
印　　刷　南京紫隆印务有限公司

开　　本　787 mm × 1 092 mm　1/16
印　　张　18
字　　数　300 000
版　　次　2024 年 4 月第 1 版
印　　次　2024 年 4 月第 1 次印刷

标准书号　ISBN 978-7-5713-3437-6
定　　价　100.00 元

图书若有印装质量问题，可随时向我社印务部调换。

引言

长城是中华文明的伟大成就，是中华民族先民在2000余年的漫长历史中，在险恶的自然环境和较低的生产力条件下，创造的伟大人类工程奇迹；长城是数量巨大、类型丰富、分布范围宽广的各类遗存与其所处自然环境共同构成的、具有突出普遍价值和独特文化景观特征的文化遗产。在中国各个历史时期，长城发挥着保卫国家长治久安、维护人民生活稳定、促进多元文明交流的重要作用。从孙中山先生《建国方略》论述长城与中华民族关系，到中国军民在山海关、居庸关、古北口、喜峰口、平型关等长城沿线英勇御敌，一曲《长城谣》、一首《义勇军进行曲》唤起无数中华儿女用血肉“筑成我们新的长城”，长城与中华民族紧密联系在一起。20世纪以来，长城成为中华民族精神的象征，也是中国和中华民族形象的代表，在世界范围内具有广泛的影响力。长城蕴含着团结统一、众志成城的爱国精神；坚韧不屈、自强不息的民族精神；守望和平、开放包容的时代精神。

目 录

序 言

世界语境中的中国符号——长城

今天，对于世界上大多数人来说，初识的长城一般是从书本上或是电视中得来的。人们看到的也许只是长城的某一个部分，也许只是雄伟的几座关城，那些在沙漠、高山、荒野上的长城也许很少听说过。

长城一般是被人们当成文化古迹，慕名而来的人大多是去看长城苍劲的雄险，看长城巍峨的气势，再深刻一点也只是认为长城是中国古代的军事设施，是与战争有关联的，是用来打仗的军事建筑。来长城的旅游者很难去联想这个景物与一个民族的历史，与一个国家的传承发展，与一个民族的性格形成，与世界和平和人类文明有着怎样的关联。

其实，不只是一般人如此，即便是在国家层面对长城文化和精神进行阐释也是近些年才深入开展起来的。2016 年 11 月，国家文物局发布的《中国长城保护报告》概括了长城文化价值三个方面的内容：“长城蕴含着团结统一、众志成城的爱国精神；坚韧不屈、自强不息的民族精神；守望和平、开放包容的时代精神。”并且认为：长城文化“历经岁月锤炼，已深深融入中华民族的血脉之中，成为实现中华民族伟大复兴的强大精神力量。传承与弘扬长城精神始终是长城保护的首要之义”。

中国人持续2000多年不断地修建和使用长城，表明了中国人自强不息、追求和平的特性。《中国长城保护报告》概括了长城文化价值，阐明了长城所代表的中华民族和中华文化。中华民族之所以为中华民族，就是因为我们的文化特性。没有了中华文化的中国人，就不成其为中国人；没有了中华文化的中华民族，也就不成其为中华民族。

随后，文化和旅游部、国家文物局于2019年1月23日印发的《长城保护总体规划》，再一次系统全面地阐述了长城文化价值。这个规划由国家文物局于2006年启动规划编制前期工作，陆续于2010年完成了长城资源调查，2012年完成了长城资源的国家认定，2015年完成了信息系统建设，2016年全国有长城的15个省（自治区、直辖市）都完成了省级规划的编制。在这个基础上，国家文物局编制完成了《长城保护总体规划》，并于2018年年底报送国务院，经国务院同意后向社会颁布。

《长城保护总体规划》继续坚持强调对长城文化内涵、长城文化价值的认识。对长城精神的概括，依然和此前的《中国长城保护报告》相一致，但是作了进一步的阐述。《长城保护总体规划》第一章“概况与价值内涵”中的第10条专门设立了“长城价值”一节，从四个方面详细揭示了长城文化内涵和长城文化价值。分别为：（一）承载中华民族坚韧自强民族精神的价值；（二）坚定中华民族文化自信的历史文化价值；（三）展现古代军事防御体系的建筑遗产价值；（四）承载人与自然融合互动的文化景观价值。

基于这样的认识，深化对长城作为世界文化遗产中地标性建筑，在全世界已经成为中国的代名词的文化和精神认识，就成为一件很迫切的事情。这就是我们创作《古风新韵：铸就中国精神的长城》一书的缘由。

毫不夸张地说：长城，已经成为世界语境中的中国符号。说到长城，人们首先想到的是坚固的城墙和永不散去的烽火硝烟。其实严格地讲，长城沿线的绝大部分地方，都没有打过仗，即便是有打过仗的地方，绝大部分的时间也不在打仗。因此可以说，长城是防御战争的一种有效手段。

长城，是由绵延伸展的一道或多道城墙、一重或多重城堡以及沿长城密布的烽燧、道路、各种附属设施巧妙地借助天然屏障而构成的。长城防御体系以城墙为主线，以关隘为支撑点，点线结合、纵深相贯，每道长城都因地制宜，有的长达千里之余。

长城历史悠久、绵延万里，从春秋战国时期开始，见证和参与了中华民族多元一体发展的历史进程。长城文化保留了各个时代的记忆，由此所产生的观念和言行无时无刻地在影响着中华各民族思想文化、观念形态的总体表征，也是先民共同创造并为后人世代继承发展的精神、文化主流。虽然历史上长城沿线地区的中华民族各成员之间也发生过矛盾冲突，但这种矛盾和征战的最终解决，也为各民族共同生存及和谐发展提供了机遇。长城区域秩序的建立和稳定，对中华民族的团结统一，起到了重大的支撑作用。

长城内外各民族在团结融合的过程中，不断强化着对中华文化的认同。无论是魏晋南北朝、辽金统一北方时期，还是元、清统一全国时期，游牧民族与农耕民族在进行政治、军事、经济和文化互动的过程中，不断地相互吸纳对方优秀的文化成分，这些行为都为中华民族的生存和文化的发展作出了重要贡献。

从农耕和游牧民族碰撞与融合的意义上说，长城承载着中国人独特的人文情怀。人心所向是和平统一，不发生战争。长城的建设和发展使得战争的数量、战争的规模都大幅度地减少了，所以说长城是和平的象征。

中国在前进、世界在发展，这一切都离不开和平的环境。中国走向世界，要让更多的人了解中国的历史文化；世界需要中国，更需要通过了解承载中国重要历史文化的载体，进一步地认知中国的国情。此时此刻，长城就这样承担起了这个重要的历史使命。

人类世界的文明发展，始终面临着三大基本问题：生死存亡、构建文明发展秩序、文明的传承和发展。长城充分体现了解决这三大基本问题过程中的历史镜鉴和现实价值。

生死存亡是人类面临的第一大基本问题。对于长城的修建者来说，不能解决生死存亡问题，一切都无从谈起。长城内外不同民族的利益有大小之分，有轻重之别。但是与生死存亡相比，任何利益都处于次要位置。这对长城以北的游牧民族和长城以南的农耕民族都是同样的感受。为了生存而开展有序化的交流，总体上符合双方长远发展的利益。

文明秩序的构建是人类第二个基本问题。人类有合作发展、寻求双赢或多赢的愿望，也有为追求利益而发生相互排斥、对抗，甚至争斗的事实。长城的存在，调整了农耕和游牧民族之间的冲突，减少了双方引起或发生战争的次数，在一定程度上解决了利益冲突问题，确保了维系双方利益秩序的建立和发展。

文明的发展和延续是人类第三大基本问题。中国有着五千多年的文明历史。长城自产生之始，就伴随着中华文明的发展，保证了中华文明的连绵不断，形成了独特的中华文明文化脉络与体系。中华文明的普遍性价值是什么？最重要的一点就是统一性和融合性。学术界不少有识之士在很多年前，就已经开始进行这方面的探索。长城存在的事实，反映了中国多民族国家团结统一发展的历史事实。中国多民族国家与西方的民族国家概念，最大的不同是不同民族在国家统一过程中民族的融合性伴随了中国整个发展的历史。

人类是一个整体，地球是一个家园。当前，世界上各国的交往比过去任何时候都更深入、更广泛，各国相互联系和彼此依存比过去任何时候都更频繁、更紧密，国际社会越来越成为你中有我、我中有你的命运共同体，和平、发展、合作、共赢的历史潮流更加强劲。同时，人类正处在一个挑战层出不穷、风险日益增多的时代，世界进入新的动荡变革期。

世界要可持续发展就必须深刻认识到，和平是人类共同的愿望和崇高目标，安全和稳定是世界发展的首要前提。经济全球化是历史大势，文明交流互鉴是推动人类社会进步的动力和维护世界和平的纽带，建设美丽家园是人类的共同梦想。只有为建设持久和平的世界增加稳定因素，为建设普遍安全的世界扩大防护屏障，为建设共同繁荣的世界注入发展动力，为建设开放包容的世界增添多彩活力，为建设清洁美丽的世界增强强大信心，才能让我们这个星球越来越美好。

世界好，中国才能好；中国好，世界才更好。作为世界上最大发展中国家，中国保持经济社会健康稳定发展，集中力量办好自己的事，让国家更富强、人民更幸福，本身也是对世界的重大贡献。人类和平与发展的事业是崇高的事业，也是充满挑战的事业。面对共同挑战，任何人、任何国家都无法独善其身，人类只有和衷共济这一条出路。人类命运共同体理念以和平发展超越冲突对抗，以共同安全取代独自的绝对安全，以互利共赢摒弃零和博弈，以交流互鉴防止文明冲突，以绿色发展呵护地球家园，顺应了世界大势，体现了人心所向。要相互尊重、平等协商，坚决摒弃冷战思维和强权政治，走对话而不对抗、结伴而不结盟的国与国交往新路，建设持久和平的世界。要尊重世界文明多样性，以文明交流超越文明隔阂，以文明互鉴超越文明冲突，以文明包容超越文明优越，建设开放包容的世界。

避免战争是人类文明的共同追求。中国历史上有战争，欧洲民族国家的崛起或沉沦的过程，也都会发生剧烈的战争。即便是今天，苏联的解体、南斯拉夫的解体，哪一个不是伴随着战争。现在欧洲在推动欧洲国家联合，整合各国的资源成立了欧盟。这是一种从一个单一的民族国家走向相同文明国家的努力。但是欧洲联盟的发展之路走得是多么的艰难，一个已经分裂了上千年的欧洲，通过半个多世纪的挣扎依然是磕磕绊绊。欧洲整体的凝聚力常被各国的具体利益所羁绊，我们看得非常清楚英国的脱欧对欧盟构成的伤害无法回避。

中国坚持团结统一的国家政策，也坚持对外开放。走向世界，就是要更好地学习来自各个国家和地区的文明和科学。尽管不同国家和地区有着不尽相同的文化历史和世界观，但人类求进步、求发展、反霸权、向和平的美好愿景是相同的。交朋友就要敞开心扉，就是要通过历史文化的传承，让朋友了解自己的过去、现在和未来；就是要通过现实的语言和行为让朋友看到自己的真诚和可信；就是要通过在大是大非及切身利益面前的表现让朋友看到自己的原则、立场和信仰追求。

总之，我们愿意坚持不懈地发掘整理好长城故事，努力深入透彻地讲好长城故事。希望让长城故事深入人心，让中国人为有长城而自豪；更相信长城故事不仅在中国而且要在全世界都会产生巨大的吸引力。随着人类对中国长城文化遗产的了解和认知，会越来越多地读懂中国，会有越来越多的人认知中国深远的历史文化对中国人信仰追求的影响；会有越来越多的朋友走进中国、走近中国、同中国做最知心的朋友。

董耀会

2023 年 10 月 1 日

前言

山海关和居庸关的“约定”

时间：2009 年 7 月 30 日早晨。

地点：中国山海关长城边的海滩。

微风轻抚着海中的微澜，岸边的沙滩上走着两位中年男子，他们在热烈地谈论着什么，全然不顾海浪打湿了鞋子和裤管，只是迎着太阳升起的方向走着、聊着……

在海滩上留下四行清晰脚印的人就是本书的两位作者：个子稍高一点的是中国长城学会副会长董耀会；年纪略小一点的是来自北京市昌平区文化委员会的副主任杨广文（图 0–1）。前一天他们刚刚和国内众多长城专家、学者及来自 15 个国家的大使、

图 0–1　一个约定（郑严摄影）

参赞共聚“山海关和平论坛”，一起畅谈长城与和平的关联，今天将要返回各自的工作岗位，此时此刻他们畅想了长城的许许多多，从山海关、居庸关、嘉峪关（图 0–2）的作用聊到了战争的起因和终止，从不同文化对人的影响聊到了国与国之间的文化认同和文化习性的传承发展，从国际交往间的分歧、误解聊到了国内朋友不同素质、观念层次的推定……相互约定：哪怕用上十年或者更多的时间，也要把此前多次考察长城、感悟长城的成果和心得动笔记录下来，要让更多的人真切实在地通过长城认知中国的历史文化、认识长城在世界和平中的意义……

董耀会的家乡在山海关，他在攀爬长城的路上长大；杨广文的家在居庸关（图 0–3），他的童年在长城故事的熏陶中度过。两个中年人因长城相识、相知并相互约定去完成这项使命，用他们自己的话说：这是“山海关和居庸关的约定”。为了践行这个“约定”，十几年来，他们在不同的工作岗位上把心扑在了和长城相关的事业上，在前后 40 多年的时间跨度里，他们曾经随机向所接触到的超过 1 万个人问过同样的问题：你

嘉峪关是明长城最西端的关口、河西咽喉。地势险要，建筑雄伟，有连陲锁钥之称，是古代“丝绸之路”的交通要塞。始建于明洪武五年（1372），由内城、外城、罗城、瓮城、城壕和南北两翼长城组成，全长约 60 千米。长城城台、墩台、堡城星罗棋布，由内城、外城、城壕三道防线组成重叠并守之势，形成五里一燧、十里一墩、三十里一堡、百里一城的防御体系。

图 0–2　明嘉峪关（刘伯务绘）

图 0-3　居庸关（刘伯务绘）

是否知道中国的长城？通过什么知道的长城？所了解的长城是哪里？能否说出你对长城的认知度？

归纳的结果是：通过书籍、电视、报刊、歌曲、手机等媒介的传播，中国人认为这样规模的建筑是世界上最伟大的建筑，他们认可长城是中国地标性的代表建筑，也笼统地知道一些有关长城的内涵和意义。但他们其中 95% 以上的人对长城的了解都是点状的（长城沿线的某一个关、某一个岭、某一个口、某一个堡，或许是某一段城墙）；对长城的认知多是攀登过某一段长城、看过某一本有关长城的故事，或者是听导游（电视、手机、报纸、杂志）介绍他们所关注的那些内容。不到 5% 的人是那些和长城工作有间接或直接关联的专家、学者、文物工作者或者是长城志愿者。在这些人的工作和生活中，对长城的寻觅和研究早已成为了一种习惯。

山海关，又称榆关、渝关、临闾关，素有“天下第一关”“边郡之咽喉，京师之保障”之称。明洪武十四年（1381），明太祖朱元璋下令在此筑城建关，遂成为扼东北、华北咽喉要塞的军事重镇，因其依山邻海，故得名山海关。

居庸关是“天下九塞”之一，“太行八陉”之八。自古与嘉峪关、山海关齐名，但因其地势险要，位居三关之首。古代军事学家称其为“控扼南北之古今巨防”，有“天下第一雄关”的誉称。居庸关，自战国时期修建关塞至今已有 2000 多年的历史。关内中心保存着一座雕刻精美的汉白玉建筑“云台”。在元朝时，云台上建有 3 座石塔，元末明初三塔被毁后，在此台上又建一院“泰安寺”，此寺于清康熙年间被火焚毁，只剩下基座——云台。云台券门内壁上雕刻有四大天王像，还刻有这些人在对长城不断的探索研究过程中越来越多地发现并形成共识：长城不仅是一种古代辉煌、让令人怦然心动的历史人文景观，更是见证中华文明历史发展的活化文化、精神和智慧的载体。这个载体不光属于中国，更属于全人类。

梵文、藏文、蒙文、维吾尔文、西夏文、汉文6种文字组成的佛经。

人类是地球上最具智慧的生物。

人性是人的自然属性和社会属性的统一，人性是被动性与能动性、客观制约性与自我创造性的统一。

人类所创造出的一切物质的和非物质的历史及文化资源都对人类认识现实和未来具有能动作用，这种作用将影响着人类的生存和发展，这种能动作用具有建设性和破坏性兼而有之的特性。

人们需要通过努力去了解这个地球上已经存在或者曾经存在的历史和文化，并汲取应用这些认知或者还没有充分认知的经验和教训，去面对未来将要来临的日子。

人类只有一个共同的地球村，它是人类赖以生存和发展的共享空间。人类从有文字记载的文明时代开始，就通过不断的学习实践、归纳总结，记录了人类前行发展的足迹。尽管这些渐行渐远的足迹有些已经模糊不清，但智慧的人类为了更好地生存和发展，从始至终都在地球上所留下的各种印记中，寻找和探求着那些能为人类不断前行提供能源和动力的支撑，从而实现人类生活更加充实、美好的愿景。

回望人类从远古时期到现代文明，不能不说是一个充满着漫长、曲折、痛苦、艰辛，甚至可以说是血腥的过程。无论是历史的哲人还是普通的大众，都经历过从愚昧到逐步走向文明的历程。在这个历程中，人类得知，生存不仅要有分工、合作，还要有管理、统治社会，不断规范行为的方法和手段，这就是秩序的构建。随之而来的是家族、部落、民族乃至国家的形态在不同地域的逐渐产生。人们还发现，从管理、秩序的需求出发，地域风俗和部族习惯就逐步提升到文化层面和意识形态的领域范畴，进而不同的学说、不同的信仰、不同的规章、不同的法则等应运而生。

地球上的资源是有限的，然而地球上人类追求生存、生活的欲望却是无限的。这必然会引起人类对资源不足的恐慌和对资源占有的欲望。回顾历史上所有的战争，从根本上来说还是争夺资源的战争。尽管不同的意识形态所主导的言行不同，但根本上还是脱离不了为了不同群体、不同部落、不同国家，乃至于不同统治阶层的利益而斗争。因此可以说，没有利益之争，人类就没有根本上的分歧；没有利益之争，就不会发生可怕的人类战争。

迄今为止，尽管外太空是否有更加文明的生命存在，一直还是未解之谜，但地球上的人类正在形成一个共识：属于人类赖以生存的共同家园只有一个地球。人类要想生存得更加美好，除了要制止用各种手段掠夺资源的战争之外，还要同各种潜在的危害人类生存环境的现象作斗争；更要同那些有一定统治力、影响力的不和谐并左右着人类生存环境和发展方向的言行作斗争。

人类能不能主动地规避战争和不利于地球上人类和谐共存的言行？这就需要认真的分析总结历史的过往，汲取历史带给人类的教训，从而使更加智慧、觉悟、文明的人类，在未来前行的路上走出一条光明大道：

学史可以明智，鉴往而知未来。

据不完全统计，地球上著名的人类文化遗产现在有近千种。这些世界文化遗产属于全人类共同的财富，发掘、保护、利用、传承这些遗产对于世界和平和文明的发展有着极其重要的意义。

从埃及的金字塔、意大利的斗兽场到中国的长城等，众多的历史文化遗存无不打上这些国家历史发展的文化烙印。这些历史文化遗存用铁一般的事实，见证着这些国家的历史和文化发展的脉络。

在人类生存的地球之上，任何地域的国家、地区和种族都有着自己的生存生活方式，适合他们生存和发展的历史和文化就是最佳的，不应该存在唯一和独大。人类不应该有歧视，应该有的是相互学习、借鉴、取长补短、求同存异、共同发展。所有先进的科学技术及产物应该是辅助人类生存、发展的工具，一切先进的科学技术和创造都是人类不断探索、研究的产物。然而，这些发明和创造既可以使人类进步，同样也可以使人类退步。地球之上的人类，若想将共同命运掌握在自己手中，就要对地球上的生命共同体承担责任，这应该是人类永远追寻的目标。

在地球上，有一个传承了 5000 多年灿烂文化历史而经久不衰、历久弥新的文明国家——中国。这个国家虽然经历了漫长的历史演变，仍旧可以绵延不断地传承着中华民族的血脉而立足于世界东方；虽然经历过无数次战乱，但中国人民反而愈加坚强团结走向统一；靠着顽强的意志和无坚不摧的信仰，在千疮百孔旧中国的地域上建立起了一个崭新的国度。正如中华人民共和国国歌中所唱出的“把我们的血肉，筑成我们新的长城”一样，新中国的百年历史让几代中国人感受到了“万里长城永不倒”的英雄气概，让几代中国人越发坚定着“把我们的血肉，筑成我们新的长城”的精神和信仰。

如果有一天，你真正地通过中国长城读懂了中国的历史，了解了中国的文化；真正地领悟了长城文化精髓与中国精神的关联；认知了长城精神在中华民族伟大复兴和对维护人类共同利益上的特殊重要意义，相信你一定会热爱上中国的长城，热爱上这个国家和这个国家的人民。

让每一位读者在《古风新韵：铸就中国精神的长城》的阅读中，都能感悟到长城古风对人类的启迪，都能使您和着时代的新韵，把智慧和力量奉献给人类共同生存和发展的地球村。

这就是我们奉献本书的初心。

第一章

长城风　大风起兮云飞扬

关于风的解读虽然有许多，但是我们还是倾向于如下的表述：只要地球转动，空气还在流动，风就不会停止。

就像风一样，你没有感觉到它存在的时候，它却无时无刻地都存在你的身边。然而，当春风扑面的时候你会感觉到它的存在，给你带来了温暖；当飓风袭来的时候你又感觉到了它所产生的无穷力量……

长城风是文化的风，只要空气还在流动，只要还有人群、有文化存在，关于长城的传说就不会消失；

长城风就像是大自然的呼吸，也许你看不见、摸不着，但只要地球转动，它就能时刻围绕在你的身旁；

长城风是人类律动的结果，它形成了地球上最有活力、最有魅力的风景并朝夕和人类的畅想、梦幻、思念和追求发生着密切的关联……

1987 年 12 月，长城（图 1-1）以全票通过的方式成为中国第一批成功入选《世界遗产名录》的世界文化遗产。联合国教科文组织世界遗产委员会对长城的评价这样写道："约公元前 220 年，一统天下的秦始皇，将修建于早些时候的一些断续的防御工事连接成一个完整的防御系统，用以抵抗来自北方的侵略。在明代（1368—1644），又继续加以修筑，使长城成为世界上最长的军事设施。它在文化艺术上的价值，足以与其在历史和战略上的重要性相媲美。"[①]

长城和长城文化所具有的厚重底蕴尽管早已为国人所知，但正式为联合国教科文组织世界遗产委员会所公开认可并列入世界文化遗产名录还是第一次。长城魅力的面纱在这一刻掀开，为世界所瞩目。尽管这个结果对于中国人来说来得有些迟晚，但该来的终究已经来了。因为，中国正在以坚实有力的步伐、昂扬振奋的精神状态走向世界。长城是中国的长城，中国是世界的中国；长城是世界的长城，世界是中国的世界。中国需要世界，因为世界上有着无限美好的文化历史、科技知识和前景；世界也需要中国，需要通过承载着中国历史文化的长城进一步了解中国，融入中国的智慧和力量。

① 世界文化遗产——长城. 中华人民共和国中央人民政府网，2006-03-28.

图 1–1　悬挂在联合国大厅中的长城挂毯

就像地球上的风一样，会和这个地球命运相通相连，只要地球存在，风就会飘向任何地方。

长城，这项伟大的工程在世界文明史上延续了2000多年。尽管历史的岁月在长城的躯体上留下了或模糊、或沧桑、或悲壮、或坚毅的痕迹，但其横亘万里、气势恢宏的景象，却烙刻在了每一个炎黄子孙的心中，并为世人所瞩目。

外国人在关注长城，他们赞叹长城的古朴、宏伟；中国人在长城上寻觅，在探索着那个支撑中华民族坚韧不屈、携手前行的神秘力量。

世界初识的长城，
也许只是见过“老外”拍摄的几张明信片；
中国人知道长城，
也许是读过一首《清平乐·六盘山》，
方知“不到长城非好汉”。
中国人从小唱着一支歌叫《义勇军进行曲》，
“把我们的血肉，筑成我们新的长城”，
成长我们一天又一天！

著名的席勒曾经写过一首关于长城的诗：《中国长城》①

那里矗立着一座建筑，历尽
沧桑，不是民居，也非神庙；
好骑手百日里或可驰骋全程，
若想跑马绕一周，却是徒劳。
千百年岁月刻下猛攻的痕迹，
时光从未使虚弱，风暴绝难教低头，
穹苍下，彩虹间，依旧巍然屹立，
时而低行到海，时而高出云岫。
建造的初衷，不为炫耀，不为臣服，
筑一道防卫屏，为拯救，为盾护；
举世无觅第二座堪与匹敌；
如此神工筑造却成就于人力！

① 〔德国〕席勒．中国长城．〔英国〕利顿勋爵爱德华，英译，松风，译．中国长城志公众号，2022-07-31.

写出了中国长城的真谛：“千百年岁月刻下猛攻的痕迹，时光从未使虚弱，风暴绝难教低头”，“建造的初衷，不为炫耀，不为臣服，筑一道防卫屏，为拯救，为盾护”。

一位哲人曾在一首《见与不见》的诗中这样写道：

你见，或者不见我，
我就在那里，
不悲不喜。
你念，或者不念我，
情就在那里，
不来不去。
你爱，或者不爱我，
爱就在那里，
不增不减。
你跟，或者不跟我，
我的手就在你的手里，
不舍不弃。
来我怀里，或者让我住进你的心里，
默默相爱，
寂静喜欢。

在这首充满恋情的诗中，虽然你找不到与长城相关的任何字眼儿，但完全可以把“见与不见”和“知与不知”联系起来考虑。因为人类对任何事物的了解都躲不开“见与不见”或“知与不知”。

长城对于全世界的人来说，正如“风”和《见与不见》所表述的那样：你见与不见、知与不知，长城就在那里。

对于长城的了解，归纳起来应该有以下几个层次。

第一个层次属于：听说长城。

这属于对长城的了解的初级层次，人们在有意或者无意间听别人说起过长城。此时在头脑中并没有长城的真实印象，讲述者把长城讲成什么样子，听者的头脑中就会把长城想象成什么样子。因此可以说，在这个层次里的人对长城的了解不取决于自己，而取决于向他们讲过长城的那个人对长城的理解。

第二个层次属于：看见长城。

图 1-2　摄影家眼中的北京怀柔箭扣明长城（吴建平摄影）

这属于在照片、视频或者读物中见过一些有关长城的内容（图 1–2），所认知的长城就是所见到过的长城画面和作品。如果和他们提起长城，他们的头脑中就会闪现出曾经见过的景象，也许是某一个镜头或是某一种情景的描写。在这个层次里的人对长城的了解程度取决于书写长城的作者对长城的认知水平。

第三个层次属于：接触长城。

这属于比前两者更深一个层次地了解长城。在这个层次里的人由于旅游或者是自身对长城发生了什么兴趣而接触过长城的某一个局部，他们会和他们所接触的这座“长城”合影留念。他们所认知的长城就取决于他们对所去过长城局部的感知。

第四个层次属于：研究长城。

因为工作需要或者是对长城有特殊的兴趣，有一些人或局部或整体地对长城从事过研究，属于主动或被动和长城打过交道的人。这些人要么是因为工作去接触长城，要么是因为一种信仰和追求去探索长城、研究长城。

第五个层次属于：认知长城。

认知长城是建立在前四个层次前提下的结果，是了解长城的最高层次。

也许只有到达了这个境界才会懂得为什么只有中国才能建成有这样历史跨度的长城，为什么只有中国的长城能够比较完整地承载着中华民族的历史，为什么毛泽东的诗词中会有“不到长城非好汉”的语句，为什么国歌中会有“把我们的血肉，筑成我们新的长城”，才会醒悟长城对人类文明传承的意义和启迪。

一、世界初识长城的起点

百年左右的历史大约也就是四代人的经历，一个家庭，一般来说能够被重孙辈记着的太爷已经是很难得的了。像孔、孟这样的大家族，主要是靠着中华民族对圣人的敬重，通过文化的传承至今还一代代地延续着族谱和家谱，但对于普通家庭来说，太爷辈的先贤对于今人已经是很遥远的模糊记忆了。

对于长城历史的记录，在近现代之前的先贤们更多的是通过手绘图画和撰写文章来记载。后来，由于发明了摄影器材，使得有关近现代中国长城的摄影资料被保存了下来。这些照片在记录了中国晚清政府、民国政府迂腐的同时也展现了当时长城雄伟壮观的景色，为今天对长城的研究留下了一丝欣慰。一张张长城“明信片”让世界震撼，让世界认识了长城。

有人做过一些统计，说是今天看到的最早的一张长城的照片拍摄于1860年，是英国的摄影师费利斯·比托在北京密云与河北滦平交界的潮河边拍摄的古北口（图1-3）及卧虎山

图1-3　费利斯拍摄的第一张长城照片

费利斯·比托是著名的战地摄影记者。在1860年中国与英法联军的第二次鸦片战争中，他留下了大量弥足珍贵的照片。他在中国北方拍摄了大量战争的残酷场景，记录了北京皇家园林的被破坏和英法联军对天津的占领，曾被誉为“军事报道摄影的先驱者之一”。作为为数不多的随军摄影师，他有机会接触并拍摄了恭亲王奕䜣，有幸成为第一位拍摄中国皇室成员的外国摄影师。

的长城。

10 年后的 1870 年，英国摄影师托马斯·查尔德拍摄了第一张八达岭长城的照片。

1871 年，约翰·汤姆森拍摄了“西门外”。

1873 年，《伦敦插图新闻》刊出了一幅由英国皇家部队军官绘制的铜雕版画——中国万里长城一景，画面上是来往于八达岭关城，经过八达岭长城东西城门的商贾和载货驼队。

1880 年，又一名外国摄影家拍摄了八达岭北二楼至北四楼。

1885 年，托马斯·蔡尔德拍摄了八达岭西平台。

1895 年，日本人山本拍摄了八达岭北四楼至北八楼。

这个时期外国人频繁出入中国，他们中的很多人亲自到长城目睹了这一伟大的中国建筑，于是在西方人的视野中，长城逐渐从单纯的建筑变成了带有明显中华情结或东方情结的文化象征。

1898 年，德国摄影师克鲁宾陪同德国海军司令海因里希王子来到八达岭长城（图 1-4）。他将“北门锁钥”“望京石”“北

古北口从古至今是内地通向松辽平原和内蒙古的咽喉要地，有“京师锁钥”之称。古北口长城全长 40 余千米，现存敌台 143 座、烽火台 14 座、关口 16 个、水关长城 3 个、关城 6 个、瓮城 3 个。其中著名的有北齐长城的大花楼烽火台，古北口长城的制高点有望京楼、姊妹楼、仙女楼、将军楼、水楼水关遗迹等。

图 1-4 海因里希来到八达岭

四楼”等制成人工着色明信片发往世界各地。

1898年，日本商人、摄影师山本由于痴迷长城也印制了大量有长城的明信片，在北京向外国人出售。

1900年，八国联军侵占北京，西方的一些考古学家、探险家、旅行家接踵而至，他们都对巍峨的长城，特别是距离北京较近的八达岭长城饶有兴致。1903—1914年，他们通过相机拍摄并在全世界印制和发行了大量有长城照片的明信片，兴起了一股长城热。这个时间跨度虽然只有10余年，却留下了大量的长城影像。

1907年，赫伯特·庞定拍摄了八达岭北三楼、北七楼。

1907年，日本摄影家山本拍摄了八达岭北城。

1908年，美国人威廉·埃克加·盖洛拍摄了八达岭北四楼、南五楼以外的长城。

20世纪之前，西方人看到的只是长城的一小部分。1909年，美国的一位文学家威廉·吉尔游历长城并在所写的中国长城作品中说道：“我们与长城一起吃饭，与长城一起睡觉，满脑子都是这些古人在长城上留下的数不清的伟大故事，形成了一部地球的历史。”

1925年，罗伊·查普曼·安德鲁斯科考经八达岭古道至居庸外镇以外之地。20世纪30年代的明信片有“北二楼至北四楼”“北四楼”。这些明信片上标有世界第一的字样。

正是因为这些外国人拍摄的长城，把当时的长城记录下来，通过照片或印制的明信片，把长城的形象带回他们自己的国家，让他们的家人和朋友看到了中国伟大的长城，把中国的伟大的长城和东方文化带到了西方世界，让西方世界更加了解中国、了解长城，同时也为今天研究长城留下了一份宝贵的财富和历史资料。

卧虎山长城始建于明洪武八年（1375），全长4.75千米，有敌楼134座。最高海拔665.22米，相对高度450米。卧虎山山势陡峭，因山顶形状酷似两只一仰一俯的老虎而得名。

托马斯·查尔德是英国摄影师，1869年他成为一名非职业的摄影师。1870年5月，他被英国海关总署雇佣负责设计北京地区军事管辖区的煤气系统，于1870年8月27日抵达北京，此后开启了他长达20年的北京摄影之旅。从《远东》杂志1877年7月号刊登过印有查尔德作品的广告清单来看，他拍摄了近200张的作品，几乎涵盖了北京所有的地区。可以说他的摄影作品是19世纪亚洲城市摄影记录中最为完整的一部。

二、毛泽东“不到长城非好汉”让更多的人认识了长城

“‘不到长城非好汉’写的不是北京的长城，而是我家旁边的秦长城。这句诗词是毛主席住在我家窑洞时写的。”2019 年，宁夏彭阳，时年 74 岁的乔德雄回忆爷爷乔生魁当年接待长征的中央红军时，说了这番话。

1935 年 10 月 8 日，中央红军辗转到达宁夏回族自治区彭阳县白杨城后，正准备吃午饭，突然遭到敌机轰炸和追兵逼近。红军立即启程向东北方向转移，毛泽东随军于傍晚到达长城塬乔家渠一带村庄，夜宿乔生魁家。乔生魁的家是个几代人居住的九孔窑洞，窑洞的附近有战国时期的秦长城，易守难攻。中央红军便决定住在他家。

彭阳县史志办主任祁悦章介绍说，《清平乐・六盘山》的初稿《长征谣》是毛泽东翻越六盘山登上彭阳境内秦长城时构思的，是在 1935 年 10 月 8 日夜宿乔生魁家窑洞内创作的。1935 年 12 月毛泽东在陕北瓦窑堡完成了《长城谣》初稿，1961 年 9 月在庐山会议期间定稿，最终成为著名诗篇《清平乐・六盘山》。

这件事让乔德雄感到无比的自豪，每次家里来了客人时，他都要大声地朗诵一遍毛泽东的诗句，并强调“不到长城非好汉”（图 1-5）是毛泽东在他家的窑洞里创作的。①

毛泽东在《清平乐・六盘山》这样写道：

天高云淡，
望断南飞雁。
不到长城非好汉，
屈指行程二万。
六盘山上高峰，
红旗漫卷西风，
今日长缨在手，
何时缚住苍龙？

① 任明超，李剑平，毋建鑫，等．毛泽东在我家写出“不到长城非好汉”．中国青年报，2019-08-15.

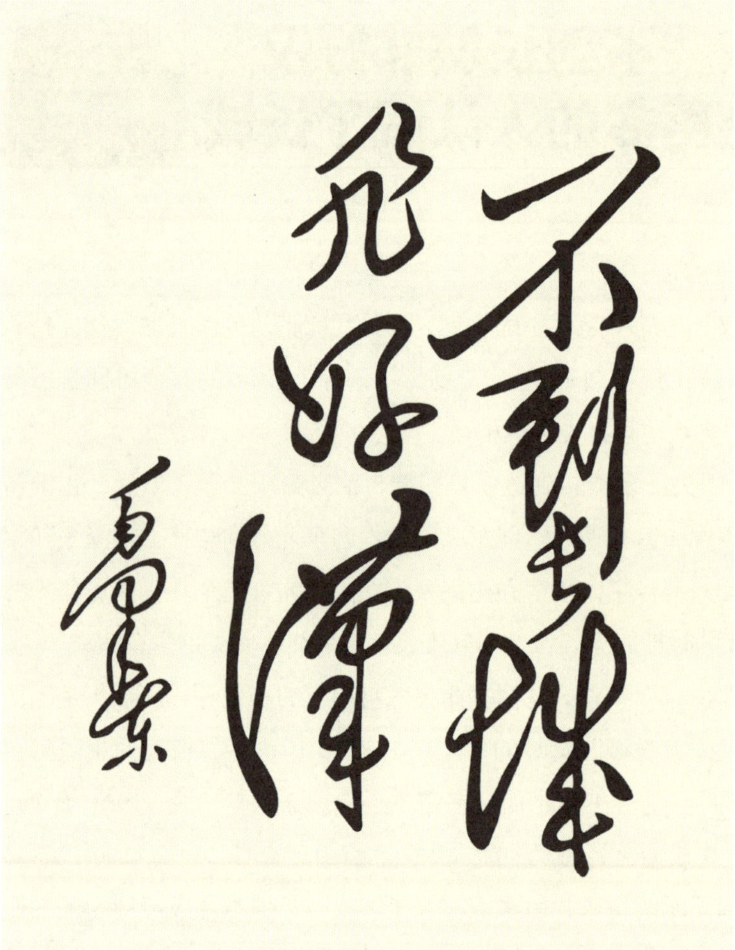

图 1-5　毛泽东书写的“不到长城非好汉”

八达岭长城位于北京市延庆区军都山关沟古道北口。

八达岭长城1958年正式对游人开放，是我国开放最早的长城地段。1961年被国务院列为首批国家重点文物保护单位，1987年作为中国长城的代表被联合国教科文组织列入“世界遗产名录”，成为中国首批世界文化遗产之一；2007年代表中国长城在“世界新七大奇迹”评选活动中，以博大精深的历史文化和无与伦比的国际影响荣登榜首。

毛泽东用“不到长城非好汉”表达了红军北上抗日的坚强意志和一定要战胜敌人的气概。

由于北京八达岭长城是对外开放最早的地方，在好几个地方竖立着刻有毛泽东“不到长城非好汉”诗句的石碑，很多国内外游客在攀爬八达岭长城时都和这座诗句石碑合影。这些照片在凸显了长城雄伟壮观的同时也被人们当作激励自己向上攀登、永不言败的豪言壮语。中华人民共和国建立后这首词被列入小学生课本，也让几代人“初识长城”。

三、“把我们的血肉，筑成我们新的长城”唱响中华民族新的召唤

电影《风云儿女》(图 1–6)的主题歌是由田汉作词、聂耳作曲的《义勇军进行曲》，其中有一句歌词“把我们的血肉，筑成我们新的长城”。这首耳熟能详的歌曲由于体现了中国人民的革命传统和居安思危的思想，从 1935 年就在国内和东南亚广为传唱。在中华人民共和国成立初期的 1949 年就被中国人民政治协商会议定为代国歌，后来又正式被定为国歌。

起来！
不愿做奴隶的人们！
把我们的血肉，
筑成我们新的长城！
中华民族到了最危险的时候，
每个人被迫着发出最后的吼声！　起来！起来！起来！
我们万众一心，
冒着敌人的炮火前进！
冒着敌人的炮火前进！前进！前进！进！

国歌是表现一个国家民族精神的歌曲，是被政府和人民认定能够代表国家和人民意志的歌曲，是用来歌颂与鼓励民族信心以凝聚民族力量的歌曲。中华人民共和国国歌的旋律和歌词都带有强烈的爱国主义色彩，每每听到或唱起时，都能唤起人们内心深处的家国情怀。

图 1–6　电影《风云儿女》海报

四、一个馆收藏着地球上 520 余位政府首脑的共同心愿

如果有一天，你来到位于北京八达岭长城脚下的“中国长城博物馆”时，你会看到520多位外国首脑攀登长城时留下的上千幅珍贵照片，以及160多件宝贵的题词手迹。这些珍贵的视频、照片和手迹向人们讲述了一个个难忘的趣闻故事。

1. 第一位登上中国长城的印度总理尼赫鲁

1952 年，中国政府决定修复八达岭长城，用于接待中外友人。两年后的 1954 年 10 月，时任总理周恩来陪同印度总理尼赫鲁游览了八达岭长城。作为第一位登上中国长城的外国首脑，尼赫鲁看到宏伟的八达岭长城感触颇深，以至于后来经常和他身边的人谈及：“中国是我最敬佩的国家，那儿发生了巨大变化……我们当然应该向他们学习。”

2. 尼克松的北京“破冰之旅”

1972 年的冬天。尼克松来到了北京，开启了中美“破冰之旅”。他的行程中有登长城的安排，没想到却在登长城的前一天晚上天上下起了大雪，整个路面都结冰而无法通车。让尼克松感到惊讶的是，当他第二天早晨乘车从北京前往八达岭方向时，路上厚厚的积雪居然奇迹般地消失了。尼克松在回忆录《时代的破冰者》中这样写道：“昨夜一场大雪，把北京所有的道路全部覆盖，而今天我们走过的几十英里的路上，居然看不到冰雪，中国人没有扫雪机，他们是如何做到的？简直太不可思议了，从这件小事上，可以看到中国人的整体性、纪律性、献身精神和巨大潜力……”“这个长城肯定是由伟大的人民所建”“有如此建筑的人民肯定有骄傲的过去，有这样伟大历史的人民肯定有伟大的未来”。雪后的长城格外安静，尼克松和夫人站在八达岭长城上（图 1–7），极目远望，感慨地说道“我们到了长城，成为毛泽东主席说的好汉了”。雪后的八达岭增添了北国风光的雄伟，也见证了中美关系的“破冰之旅”。正如尼克松所说：“你们深信你们的制度，我们同样深信我们的制度，我们在这里见面并不是

图 1–7 尼克松参观八达岭长城

由于我们有共同信仰，而是由于我们有共同的利益和共同的希望，现在是两国人民攀登伟大境界的高峰，缔造新的、更美好世界的时候了。”

3. 俄罗斯总统普京登上了八达岭长城

2002 年 12 月 3 日，俄罗斯总统普京身穿黑色呢子大衣，徐徐攀登在八达岭长城上。普京多次表示，攀登长城是他的夙愿。这一天，他沿着长城步道拾级而上，不时触摸着经历风霜雨雪的城墙。他情不自禁地反复表示“长城伟大！”“非常漂亮！”在八达岭长城普京高兴地接过登城证书，当翻译告诉他证书上写的是毛泽东主席的名句“不到长城非好汉时”时，普京提笔留下他攀登长城的观感：“我为中华民族之勤劳、风景之秀美、历史之伟大感到惊讶。”

更多的中外友人正是通过最有代表性的长城雄关险口对长城有了初步的认识，才一步步走近长城，关注长城、关注中国。

五、罗哲文——踏查考证长城渊源

罗哲文一生为保护长城奔走，被国务院原副总理、中国长城学会会长黄华誉为“万里长城第一人”。中国长城学会发起人之一的谢觉哉夫人、老红军王定国在罗哲文八十岁寿辰时曾这样评价他：“神州踏遍人未老，万里长城第一人。”

罗哲文，四川宜宾人，中国古建筑理论奠基人。生前任国家文物局专家组组长，中国文物研究所所长，中国人民政治协商会议第六、第七、第八届全国委员会委员。1940 年考入中国营造学社，师从著名古建筑学家梁思成等。1946 年随梁思成进入清华大学工作，1950 年起在国家文物局任职，从事中国古代建筑的维修保护和调查研究工作，直至离世。罗哲文出版的和长城有关的著作有《罗哲文全集》《长城》《万里长城》《长城史话》《长城赞》等。

因为是梁思成的考古调查测绘助手，罗哲文始终记得林徽因曾经和他说过的一句话：“因为离得近，觉得总有时间去长城考察，反而搁置下来，现在是时候去看看了。”于是，1948 年秋天，罗哲文带着相机乘火车穿越了关沟，徒步登上八达岭长城，拍下了他的第一张长城照片。

因为有对国际友人开放参观的需求，1952 年，时任政务院副总理的文物考古专家郭沫若提出要对局部长城进行修复。于是，国家文物局局长郑振铎将主持长城修复工作的任务交给了罗哲文，这一年罗哲文 28 岁。这是他数十年保护维修长城事业的开始，也是新中国开展古建维修事业的第一项重大工程。修复长城的第一站就是八达岭长城。在对八达岭长城的考察中，罗哲文见到倒塌的砖墙破败荒凉，不由得感觉到了肩头上的重

中国营造学社是中国私人兴办的、研究中国传统营造学的学术团体。学社于 1930 年 2 月在北平正式创立，朱启钤任社长，梁思成和刘敦桢分别担任法式、文献组的主任。学社从事古代建筑实例的调查、研究和测绘，以及文献资料搜集、整理和研究工作，编辑出版《中国营造学社汇刊》，1946 年停止活动。中国营造学社为中国古代建筑史研究作出重大贡献。

任，激动又兴奋地写下："断壁残垣古墟残，夕阳如火照燕山，今朝赐上金戎刀，要使长龙复旧观。"修复古建的重要原则就是修旧如旧。罗哲文和建筑工人们只好到山沟里的老百姓家中收集一块一块的旧城砖。1953 年国庆节，八达岭长城在罗哲文的主持下修复完成并向公众开放。随后，他又带领自己的团队参加了其他长城关口的维护保护工作（图 1-8）。

图 1-8　1986 年，罗哲文在北京怀柔箭扣长城考察

1. 提出建立新学科"长城学"

在此后的人生岁月中，罗哲文奔走在长城上下，深入考察研究，行程数万里，结合历史文献和实地现状考察，对长城的起点、长度、分布及沿线风俗、民族关系等进行了深入的研究，率先提出了一门新的学科——长城学，并在后续的研究中不断升华。1957 年，他出版了中国第一部长城专著《万里长城·居庸关·八达岭》。

2. 确定万里长城的东起点

长城开放后，前来参观的中外游客越来越多，包括一些外国元首和领导人。当时能向国内外游客介绍长城知识的人很少。随着在修复长城中不断积累的知识，罗哲文渐渐觉得目前人们对长城的了解还存在很多疑问，于是他开始对长城进行细致研究，更加深入地实地考察调查、阅读史料。

在很长的一段时间里，人们都将万里长城的东端起点误认为是“天下第一关”——山海关。其实，早在《明史·兵志》中就曾有“终明之世，边防慎重，东起鸭绿，西至嘉峪”的记载，已明确明长城“东起鸭绿江，西至嘉峪关”。

20 世纪 80 年代，辽宁省文物考古人员在鸭绿江边找到了虎山长城遗址。罗哲文

多次前往考察，经过多方专家研究讨论，最终认定了长城最东端起点是，鸭绿江边的虎山长城（图 1–9）。

3. 寻找万里长城的西起点

在确认了虎山长城为万里长城东起点之后，罗哲文开始思考长城的西起点在哪里？由此开始了对西起点的探索。他在考察中发现，汉代长城西段一直延伸到新疆阿克苏一带。现在保留下来的烽燧遗址，当是属于万里长城整体系统有机组成的一种特殊形式。在罗哲文这种理念的指导下，国内大批专家学者对新疆长城多次进行考察，他们从唐代著名高僧玄奘的《大唐西域记》中提到的有着神奇传说的公主堡得到了启示。英国考古学家马尔克·奥莱尔·斯坦因在新疆探险（图 1–10）中也对公主堡

图 1–9　辽宁丹东明长城（吴建平摄影）

虎山长城位于丹东市鸭绿江畔，始建于明成化五年（1469），当时的主要作用是为防御建州女真人的侵扰。

虎山原名马耳山，因两个并排高耸山峰，状似两只竖立的虎耳，亦称虎耳山。

现在看到的虎山长城，是 1992 年在明长城遗址上修复起来的，现已修复 1250 延长米，有过街城楼、烽火台、敌台、战台、马面等十二景，恢复了当年明长城之首的壮观气势。

图 1–10　斯坦因在新疆探险

情有独钟，并留下了公主堡最早的照片继续西行近 400 千米，探察了公主堡西侧的石头城和江尕勒烽火台。石头城是三个城相连的，无论是公主堡还是江尕勒烽火台都是向石头城报信的，在这个地区，石头城、公主堡、江尕勒烽火台组成了一个相对完整的军事系统。粗略计算得到结论，江尕勒烽火台比公主堡长城偏西 7.3 千米，比阿图什偏西 128.6 千米，比别迭里长城向西偏约 389.1 千米，由此得出江尕勒烽火台位于长城最西端。江尕勒烽火台是否可以确认为新疆长城西起点，还有待于继续挖掘和再度探寻。

公主堡位于塔什库尔干县城以南约 70 千米，当地塔吉克人称它为“克孜库尔干”，意为“公主堡”。它前临奔腾咆哮河水如墨的塔什库尔干河，后倚高耸蓝天的皮斯岭达坂，突兀高耸，险峻挺拔，有城垣、重门、地穴和石室，古堡所在山头山势峻险，北侧有山沟可通皮斯岭达坂，海拔 4000 米。是中国目前所知的最高的古代城堡之一，是丝路南道上的咽喉。

4. 出书立说研究长城

罗哲文还认为，对长城的研究不能只从防御战争角度出发，而忽略和平时期。纵观中国历史，长城所处的和平时期毕竟多于战争时期，和平时期的关口是长城内外人民互市贸易、文化交流、交通往来的重要场所。这些关口的存在，促进了当地文化的交流与经济的发展。

从 1963 年 12 月，中国工业出版社出版的由罗哲文编著的《长城史话》开始，他用了近 40 年时间编写了大量关于长城的专著。1985 年，罗哲文参加侯仁之首倡的中国加入《保护世界文化和自然遗产公约》推动工作。

20 世纪 90 年代初，罗哲文创作了一副赞美长城的长联：

起春秋，历秦汉，及辽金，至元明，上下两千年。数不清将帅吏卒，黎庶百工，费尽移山之力，修筑此伟大工程。坚强毅力，聪明智慧，血汗勤，为中华留下巍峨丰碑。

跨峻岭，穿荒原，横瀚海，经绝壁，纵横十万里。望不断长龙烽垛，雄关隘口，犹如玉带明珠，点缀成江山锦绣。起伏奔腾，飞舞盘旋，太空见，给世界增添壮丽奇观。

罗哲文先生在 2003 年以年近八旬的高龄，艰难寻访汉长城遗址、楼兰古国遗址等历史文化遗迹，历时近一个月并穿越了被称为“死亡之海的罗布泊”，曾经轰动一时。

石头城，是古代丝绸之路中道和南道的交汇点，喀什、莎车、英吉沙及叶城通往帕米尔高原的数条通道都在此地汇合。城堡建在高丘上，形势极为险峻。城外建有多层或断或续的城垣，隔墙之间石丘重叠，乱石成堆，构成独特的石头城风光。

楼兰古城，位于罗布泊西部，处于西域丝绸之路上的枢纽，我国内地的丝绸、茶叶，西域的马、葡萄、珠宝，最早都是通过楼兰进行交易的。楼兰古国在公元前 176 年前建国，到公元 630 年却突然神秘地消失了。遗存中楼兰古城四周的墙垣，多处已经坍塌，只剩下断断续续的墙垣孤零零地站立着。城区呈正方形，面积十余万平方米。楼兰遗址全景旷古凝重显得格外苍凉、悲壮。

六、让更多人了解认知长城

长城是中国人最熟悉的一处历史古迹，可藏在长城深处的那些精彩故事，普通人却很难轻易了解到。长城的意义，需要更多的人走进长城文化的深处才能切身感受。

1985 年 9 月 24 日，中国大地上爆出了一条新闻：董耀会、吴德玉、张元华三个青年人历尽千辛万苦，历时 508 天，从山海关老龙头出发到达嘉峪关，完成了徒步考察万里长城的壮举（图 1–11）。有历史学家称：这是人类第一次对长城作出全面周详的实地考察，是华夏子孙在万里长城上印下的第一行完整的足迹。

长城前后修建了 2000 多年，也被使用了 2000 多年，今天需要探寻的是在这么长的时间里长城究竟都积淀了哪些有着历史意义和现代意义的内涵。

假如你的家乡就存在长城，站立在雄伟或是沧桑古长城之上会不会有一种和古人对话的感觉？会不会产生一种急于了解古人建设长城、使用长城时的心态？

图 1–11 董耀会、吴德玉从山海关天下第一关出发（郎福宗摄影）

长城是个特殊的人文概念，几乎和每个中国人的文化生活如影相随。作为中国人，就不能不了解长城，特别是探究长城文化的深处，从细节上认识长城。

长城代表着历史，深刻地考证长城、挖掘长城的文化，你才能体会到那些曾经修建和使用长城的人们经历了什么。

游览长城也是在识读中国的人文传统。一个人，一个族群，都不能离开文化的传承。这就是长城最突出的现实价值。

一个人的生命充其量存活百年左右，一生中还有好多时光是在彷徨中摸索，从容享受人生乐趣的时间并不多。其实，从人生大部分时间探究的那些道理中，长城已经在2000多年的经历中表达得很明白了。为什么有数不清的人，在2000多年的时间里，可以不知疲倦地重复着修建长城的劳作？修建长城的那些人里，一定有很多人是无奈的，他们但凡有办法，也不会持续从事这种劳作；也一定有一些人是兴奋的，他们可能是长城工程的设计者、组织者，或是积极的参与者，他们乐见这一伟大工程成为现实，把长城当作一个民族坚挺的骨骼，把长城当作一个民族生存的依靠，把长城当作一个民族信仰的基础，把长城当作一个民族强健的精神。今天，人类的生存、环境的安全和秩序问题仍然是每一个地球人关注的首要问题，2000多年前那些修建长城的人们应该就在思索这件事了。即使在修筑长城已经不再成为一个军事工程的今天，生存、安全和秩序问题依然没有得到彻底解决。

曾经生活在这片土地上的古人，认为只有一个“天下”，“天下”的中心就是他的家国，修建长城就是为了“天下”安宁。当今的世界只是把古人认为的“天下”换成了“全球”而已。

面对生存、安全、秩序和发展等相关一系列问题，今人不得不像古人那样，仰望同一个月亮，问天，问地，也问自己——怎样才能拥有一个真正安全的生存环境？怎样才能拥有一个让所有人都满意的答案？

长城存在的意义，就是古人穿越时空，透过长城这个载体，给予今人的某种指引。这种指引的内容是什么，因人而异，不同的人对长城有不同的看法，也就解读出不同的意义。

长城自公元前7世纪左右开始修建，大多时候是一个防御性很强的军事工程。而当冷兵器时代结束时，现代军事装备登场，长城固有的军事防御功能也就基本完结了。

漫长的时空里，长城经历过城墙内外不同民族间的交往，也看到了太多的无奈和血腥。历朝历代的文学作品里都少不了长城，一提到长城，表现出来的多是伤感和惆怅。

图 1-12　长城是一曲令人振奋的交响曲

不过，军事作用停止之时，长城文化之魂却突显，并且大放异彩。进入20世纪，长城在中华民族的精神文化方面开始起到越来越大的作用，特别是在中国受到外来侵略的危难时刻，长城鼓舞着国人为民族而战，那首广为传唱的《义勇军进行曲》就特别能表现人民在长城附近抗战的英勇斗争精神。

今天的长城已经成了世界各国游人向往的旅游胜地，“不到长城非好汉”已经成为中外游人熟知的一句名言。

全国各地的长城，历朝历代的长城，修建得都不一样。即使同一段的长城或是长城的同一处地方，在春夏秋冬四季给人们的感受也不尽相同，有时如激扬的交响乐，有时如悠扬婉转的轻音乐，不同的韵律却演绎着相同的感动（图1-12）。

遥望长城，可以从它一览众山小的宏伟气魄中感受到它的追求和境界。

行走在长城上，可以从它“一夫当关万夫莫开”的威严气势上感悟到信念和力量。

抚摸长城，可以去领略穿插在每一块长城砖里的故事，去体验长城的灵性。只要用心，就真的可以听到古人和平时期的欢声笑语和战争时期的战鼓厮杀。

雄关要塞、残垣断壁，既述说着岁月的沧桑，也彰显着长城的品性。

此时此刻的长城，犹如拂面而来的中国风，不管你站在世界的哪一个地方，都可能会被这股风触动你的灵感。沁人心脾的长城风，不仅能够打开历史尘封的记忆，这些记忆还与人类生命的现在和未来息息相关。

第二章

长城路　路漫漫其修远兮

对路的诠释，鲁迅先生曾经有过两句名言。一句是他在《故乡》中写到的“其实地上本无路，走的人多了，也便成了路”；另一句是他在《生命的路》中写到的“生命的路是进步的，总是沿着无限的精神三角形的斜面向上走，什么都阻止他不得”。

这也说明路有两种：供人们行走的路和心中向往的路。自然踩出来和人为修成的路一定有其合理性（起码是有人认同）；而心路一定是和精神、信仰有关联的追求之路。

回望中国长城2000多年的建造历程，如同是中华民族无数先人在世界东方的大地上踏出的一条神奇之路。这条路上，寄托着多少华夏人的希望，承载着多少华夏人的命运，正如培根所说：“只有一条路不能选择——那就是放弃的路；只有一条路不能拒绝——那就是成长的路。”可以见得，华夏人在永不放弃的路上，为了生存和成长，在地球上用一代接一代人的努力才铸成了一条通向希望的生命之路。这就是“遇山攀峰、遇水搭桥”蜿蜒数万里的中国长城之路。

什么是长城？一种最直观的解释是：长城是中国古代最完整的一种军事防御体系，利用天然屏障将人的智慧和现有材料进行完美融合，通过建立高大而坚固的墙体、城堡、敌楼、烽火台等，用以实施集观察、指挥、战斗、通信、屯兵等综合功能为一体的互相有密切联系的设施。

长城到底是什么时间建造的？建造历程都经历了什么？

一、长城烽烟在西周时期开始点燃

长城修筑的历史可上溯到西周时期，公元前1046年，中国第一个有文字记载的商被一个在渭水河谷间建立起来的周所灭。周王自称为天子，将领地分封给王室成员。这种土地的分封制度赋予天子与封国的从属关系，也赋予了被分封的诸侯守卫天子的职责，这种制度使周王室处于众星拱月般的地位。此后的200年间，西周的统治逐渐扩展，人口也越来越稠密。需要的粮食多了，农耕地区也越来越需要扩大，于是，人们逐步向北不断地发展。

此时以农耕为主的周天子王朝的西北方向是一片陌生的山地和草原。同时生活着一支以草原游牧为主要生产方式的部族——犬戎。

犬戎是古代部落，又叫猃狁。活跃于古代今陕、甘一带，猃、岐之间。西周末期，周幽王被犬戎族参与的进攻所杀，幽王的宠妃褒姒被掳，都城丰、镐西北被犬戎占领。强盛约300年的西周覆灭。

草原的草有季节性，这使犬戎不得不转向农耕区寻找生存机会，周天子统治的地区就时常会受到这些游牧民的侵扰和掠夺。安全隐患带来的压力，使周王室不得不加强属地的军事防御。于是在西周时期，出现了一种被叫作烽火台的建筑，规定哪里出现异族的侵扰，就要把那个地方烽火台里边的柴草和狼粪点燃，如果是白天，烽火台上就燃起浓烟传出鼓声，若是夜晚便燃起大火，通过“烽火狼烟”报警，中国最早期的战时信息传递系统形成了。烽火的使用，有着严格的规范程序，附近四周各诸侯国看到烽火台的动静后，必须立刻响应并出兵驰援。如果哪一个诸侯领地的烽火台没有延续烽火功能，或看到或听到消息没有出兵施援，便会受到严厉的惩罚。然而这一看似十分有效的“如山军令”却被周幽王当作了一地的鸡毛。

“烽火戏诸侯”的典故出自《史记》。

周幽王，周宣王之子，西周第十二代国王，自周幽王元年（前781）至十一年（前771）在位，共11年，谥号幽王。

幽王二年（前780），关中发生大地震，有一位叫伯阳甫的人认为这是周朝即将灭亡的征兆。幽王三年（前779），美女褒姒入宫，甚得幽王宠爱，待褒姒生下一子伯服，幽王便废其正室申后与太子宜臼，改立褒姒为后，立其子伯服为太子。

褒姒笑颜唯美，令幽王为之倾倒。但褒姒却终日难有笑容。幽王为博其一笑曾试过许多方法都不成，后听信谗言以点燃烽火将诸侯军队招来的“把戏”，终得褒姒笑颜。随后幽王便屡举烽火，被戏弄的各路诸侯逐渐失去对幽王的信任。周幽王十一年（前771），当申后（因褒姒被废）的父亲申侯联合缯国与西夷犬戎进攻幽王时，幽王再举烽火求救，已经没有其他诸侯前来营救，导致其最后在骊山下被杀。幽王死后，诸侯与申侯共同立废太子宜臼为平王，以奉周祀。由于镐京受到严重破坏，周平王把都城迁到东面的雒邑，是为东周之始。

这则历史典故至少说明两点：一是至迟周幽王时期已经有了“烽火台”的使用；二是不尊重他人，言而无信的后果很严重，代价不是人的生命便是国的命运。

《史记》最初称为《太史公书》《太史公记》或《太史记》，是西汉史学家司马迁撰写的中国历史上第一部纪传体通史，涉及自上古传说中的黄帝时代，下至汉武帝太初四年（前101），共3000多年的历史。全书包括十二本纪（记历代帝王政绩）、三十世家（记诸侯国和汉代诸侯、勋贵兴亡）、七十列传（记重要人物的言行事迹）、十表（大事年表）、八书（记各种典章制度即礼、乐、音律、历法、天文、封禅、水利、财用），共130篇。

二、长城从春秋战国时期由点到面

周朝统一天下后，分封天下诸侯，好多侯王虽然是周天子的同宗，却相互攻伐不止。

关于长城的起源，尽管有“烽火戏诸侯”的典故，但学术界还是更加相信史书记载的其他一些事实，大体倾向于一致的结论是：长城建于秦之前的春秋战国时期。

一种说法是目前发现最早的建筑是公元前7世纪的“楚方城”，其后齐、韩、魏、赵、燕、秦等诸侯国陆续在边境修建了长城。

《春秋左传》记载了这样一件事：楚成王十六年（前656），齐桓公联合了中原七个诸侯国（鲁、宋、陈、卫、郑、许、曹）的兵力打败了蔡国（蔡国当时是楚国的附属国）后兵临楚国边境。楚使屈完凭着“坚强的自信”，用三寸不烂之舌给巧妙地化解了这场危机。齐桓公千里奔袭到了楚国，仅仅是因为屈完的几句话就打消了放弃攻打楚国的念头吗？屈完奉楚王旨求见齐桓公，先向其发问道：君处远在北方，我处在遥远的南方，即使两国发了情的牛马相互吸引狂奔追逐，也不会跑到一起，进入彼此的国境（成语“风马牛不相及”就出自此处），您为什么大老远兴师动众地讨伐我们楚国呢？管仲见齐桓公一时无语，便急忙插话说：“以前你们都按时向周天子进贡包茅（一种祭祀原材料），但是现在却不向天子进贡了。周昭王南巡不归是不是你们做了手脚？楚国对周天子不忠，所以主公才让我们来教训你们。”屈完听完管仲的话后，也知道这是齐国冠冕堂皇的借口（当时周朝已被架空，谁还真拿天子当回事），

《春秋左传》又名《左传》，是我国现存的史类文学作品。相传为春秋末年的左丘明为解释孔子的《春秋》而作，实际上成书时间当在战国或两汉之间。《春秋左传》记事起于鲁隐公元年（前722），止于鲁悼公十四年（前454），比《春秋》记事时间延长了许多。

于是先就没有及时向天子进贡包茅而赔礼道歉，表示随后会及时送上，然后又表明我们离汉水有一段距离，昭王溺水而亡实不知情。齐桓公向楚国展示自己强大的武力，带着屈完一起巡视自己的军队以示威风。屈完看后却不以为然地向齐桓公说道：你们的军队虽然强大，但是楚国的汉水方城也不是能轻易被攻破的，这些坚固的城池足以阻挡你们的大军了（楚国方城以为城，汉水以为池，虽众，无所用之）。齐桓公觉得屈完言之有理，于是在召陵和楚国订立了盟约后班师回朝。

为什么齐桓公拥有八个国家的兵力却不敢妄动楚国呢？应该说楚国的“方城”起到了重要的震慑作用。屈完这里说的方城，就是后来人们提到的“楚长城”（图 2-1）。

图 2-1　河南叶县辛店西坡战国楚长城及方城遗址（董旭明摄影）

另一种说法则认为齐长城更早一些。齐国，公元前 1046 年建立，经过姜齐、田齐两个阶段，公元前 221 年灭亡，历时 800 余年。持这种观点的学者认为：战国人论及齐国南部国防屏障时，总会提到长城巨防。《战国策》中张仪云："（齐）长城巨防足以为塞。"[①] 齐长城不仅有力地保卫了齐国的国家安全，还是齐国对外交流的重要纽带，塑造了齐国对外开放的传统格局。春秋战国时期是一个大变革、大动荡、大发展的历史时期。"备边境，完要塞，谨关梁，塞蹊径"[②]，各诸侯国在原有关隘的基础上，大规模修筑防御工事，驻兵御敌，长城便是各诸侯国保卫疆土的重要防御设施。齐国是先秦时代工商业最为发达的地区之一，齐国的富庶容易招致其他诸侯国的侵略，因此，齐国修建长城既有构建与他国间商贸交往秩序的需

《战国策》为西汉刘向编订的国别体史书。资料包括策士著作和史料记载。《战国策》反映了战国时期的一些历史特点和社会风貌，是研究战国历史的重要典籍。

①〔西汉〕刘向．战国策·秦策．长沙：岳麓书社，2015.
②〔汉〕高诱，注，〔清〕毕沅，校．吕氏春秋·孟冬纪．徐小蛮，标点．上海：上海古籍出版社，2014.

要，也是为了防御战争的发生。齐长城自西向东防御的国家，春秋时期分别为鲁国及晋、吴等盟国，莒国及晋、越等盟国；战国时代则主要抵御楚国。

齐长城的修筑受到地缘政治、地理环境的影响，突出的是利用天然屏障修建防御工事。齐长城（图 2–2）是由长墙、关城、障堡、烽燧，以及长城内外的军事重镇等有机构成的立体防御体系。它将整个齐国的东南、正南、西南三个方向完整地圈了起来，这样就使原本流动的战场变成较为固定的战线。谋士苏秦将齐国列为“四塞之国”：“齐南有泰山，东有琅琊，西有清河，北有渤海，此所谓四塞之国也。”[①]“四塞”即以山河为天然屏障。淄潍平原是它的腹地，环绕淄潍平原的西面、北面和西北面，有两条大河，即所谓的“清济浊河”；东面、东南面和东北面，是小海和大海，即今天的渤海、黄海；南面有一条连贯性很强的泰沂山系横亘东西，就像一道大院墙。所以，齐国在地缘政治上相对独立，战略地理条件得天独厚。齐长城的修筑体现了齐国人利用自然地理优势的理念。有学者判断，最早的西段齐长城大约修筑于春秋晚期，

图 2–2　山东莱芜齐长城（吴建平摄影）

①〔西汉〕刘向．战国策·齐策一．长沙：岳麓书社，2015.

很可能是利用古济水堤防再筑墙加固形成。战国中期，楚国北上，齐国南部形势紧张。在交通路口和关隘上筑工事、建要塞的防御战术已经不能适应新出现的骑兵作战方式，于是全线防御的战略设想应运而生。齐宣王乘山岭之上，筑长城，东至海，西至济州，千有余里。齐宣王在国防线上所做的是拾遗补阙工作：以前不需设防的高山长岭上某些地段山高坡陡，地势险峻，就以山代城；需要筑城的地段土少石多，就因地制宜，就地取材，以石砌城。由此形成了山地防御、济水防御、东海防御连为一体的齐长城防御战略结构。山地防御的重点在于各关隘和谷地，这些关口都设立要塞，长城高且厚，有城门，且配备戍所、武库、烽火台等，敌人很少能突破山地的关隘要塞。学者张华松在研讨探寻中国长城建筑史开端时曾说过：“济水防御、扼守齐国西南境的交通大动脉，黄海防御体现了长城的海防战略意图。”

齐长城同样体现了齐人的兵家文化和军事思想。以孙武和孙膑为代表的齐国兵家，其兵法思想的核心是“不战而屈人之兵”的全胜战略。他们首先强调的是防御，使自己立于不败之地。《孙子兵法》有云：“昔之善战者，先为不可胜，以待敌之可胜。不可胜在己，可胜在敌。”

齐长城的军事功用体现在：一是在和平时期，为齐国节省大量的戍守兵力；二是在战争时期，可以有效迟滞战火向齐国腹地蔓延，赢得调动兵力、组织防御的充裕时间；三是可以使齐国军队先于战地以主待客，以逸待劳，有效打击远道而来的敌军，歼灭其有生力量；四是即便防御失败，也为齐国内地坚壁清野、撤退、转移提供宝贵的时间；五是齐军可以依托长城建立前沿据点和防线，既可主动出击亦可积极防御。齐长城作为全局性、永备性的军事战略工程，是齐国最为重要的一道防线。战国时代的楚国货币于齐长城以南屡有出土，而长城以北却没有发现，被学界视为长城防御成功的一个旁证。

春秋末和战国时期，列国为了在争霸当中互相防守，根据各自防守的需要在边境上有规模地修筑长城。这时的长城有的以河堤做防，有的依山置障，所修筑的长城形制也比较简单，基本上是由彼此相望的烽火台，或者是用防御性的城堡单体建筑连接为“列城”或“方城”组成。因受环境和材料所限，早期建筑的长城基本上以黄土夯筑结构为主，历经风雨侵蚀和时间的久远，到现在这些遗迹已鲜为人知了。

明末学者顾炎武在《日知录》中写道：“春秋之世，田有封洫，故随地可以设关。而阡陌之间，一纵一横，亦非戎车之利也。观国佐之对晋人则可知矣。至于战国，井田始废，而车变为骑，于是寇钞易而防守难，不得已而有长城之筑。”① 按照顾炎武的分析和说法，春秋时期由于扩大耕作面积，废掉了井田制，沟壕都被填平了，战车通行无阻，国与国之间的边界变得易攻不易守，于是列国纷纷在边境修筑了长城。

春秋时期是社会大变革的时代，也是战争极为频繁的时代。据不完全统计，在 295 年的春秋时期，曾发生过的较大战争就有近 400 次之多。由于铁的发现和使用，还有耕牛的推广，生产力迅速提高，各诸侯国的政治、经济、军事力量随之增强。

各诸侯国为了争夺土地、号令其他诸侯、收取贡物，互相争战，于是出现了周王室衰微、大国争霸的局面。春秋时代开始时，尚有诸侯国 100 多个，随着兼并战争的加剧，诸侯国数量急剧减少。

春秋时期修建长城是很有必要的。当时的周王朝朝廷常备军在西周末期几次战争中，已经消耗殆尽。特别是周幽王失国，平王东迁之后，王室衰微，王权下移，周王徒有天下共主和掌管军队、长城的虚名，实际上完全没有力量控制各国的诸侯。

春秋时期修建的楚长城与齐长城是后世长城的雏形。这个时期所修筑的长城在建筑本身、军事防御体系和具体施工技术等各方面都为之后的魏、秦、赵、燕等国修筑长城提供了可借鉴的经验。长城开始在争霸与兼并战争中发挥更广泛的作用。

春秋与战国的分界，从周威烈王二十三年（前 403）周威烈王封三家为诸侯开始。“三家分晋”是指中国春秋末年，韩、赵、魏三家贵族分裂晋国，分别建立韩、赵、魏三国合称为“三晋”。此前的晋国四大族智氏、赵氏、韩氏、魏氏，发生晋阳之战。这场战争的最后结果，晋国的执政大臣智伯被打败，其领地被韩、赵、魏三家所瓜分。晋阳之战历时两年左右，从此历史进入战国七雄争霸的时代。

顾炎武（1613—1682），南直隶昆山人，明末清初“四大启蒙思想家”之一。顾炎武论学主张“博学于文”“行己有耻”。强调学以经世，自一身以至天下国家之事，都应探究原委，反对明末空谈心性的空疏学风；治学方法主张博瞻贯通，“每事必详其始末，参以佐证”，辨别源流，审核名实，注重实证。研究经学、文字音韵学、历史地理学，为清代乾嘉汉学开启先河。著书撰文注重独创，反对因袭、盲从和依傍。一生著述丰富，著有《日知录》《音学五书》《天下郡国利病书》《肇域志》《亭林诗文集》等。

战国七雄是战国时期七个最强大的诸侯国的统称。经过春秋时期旷日持久的争霸战争，周王朝境内的诸侯国数量大大减少。周王室名义上为天下共主，但已名存实亡。诸侯国互相攻伐，战争不断。三家

①〔清〕顾炎武，撰，黄汝成，集释．日知录集释：卷三十一．栾保群，校点．北京：中华书局，2020.

古代燕赵大地，出现过许多著名的政治家、军事家，战国时代的赵武灵王就是其中之一。历史上著名的“胡服骑射”的典故，就发生在赵武灵王身上。

从弱变强从来都不是一件容易的事，赵国的图强也遇到了很大的阻力。战国时，赵国北方东与齐交界，西与秦为邻，南与韩、魏接壤，北与中山、代、林胡、楼烦等戎狄小国相交，处境十分艰难。东西各有齐、秦两大强国虎视眈眈，北方又有随时伺机南下的游牧民族，气势汹汹。赵国首都原在晋阳，赵敬侯元年（前 386），赵国把国都迁到邯郸，欲向南发展自己的势力。赵国经过敬侯、成侯、肃侯三代几十年的努力，历经无数次征战，与其他诸侯国争夺中原，虽付出了极大代价，但收效甚微，不仅无甚进展，反而受到魏、齐、秦等强国的侵伐。在赵、魏对峙中，赵弱而魏强。赵国无力战胜魏国，向南发展的意图受阻。在此情况下，为抵御魏国的进攻，赵国重新调整了战略，于赵肃侯十七年（前 333）开始在其南界沿漳水北岸修筑长城（图 2–3）。

公元前 325 年赵肃侯死后，12 岁的赵武灵王即位。

公元前 307 年春，赵武灵王在赵国的陪都信宫，召集肥义等大臣，共议天下大事。肥义通古博今，十分了解北方胡人，深知使农耕和游牧过渡地区的人民能安居乐业的重要性，也深知游牧民族的长处。经过五天的讨论，赵武灵王作出赵国向北发展的战略决策，并开始了“胡服骑射”的改革，获得成功。这证明赵武灵王的“农耕民族与游牧民族互相学习、交流”的决策促进了赵国的发展和强大。赵武灵王开拓了北方大片领土之后，并没有等游牧族军队恢复元气卷土重来，开始大规模修筑东起于代，经阴山西至高阙的长城。同时，在长城沿线设置了云中（治今内蒙古托克托）、雁门（治今山西代县）、代（治今河北蔚县）三郡，完成了设郡和长城的修建工程。

战国时期，最后剩下的齐、楚、燕、韩、赵、魏、秦七雄，为了加强自身的生存能力，竞相构筑长城。都城、城邑都有城

分晋后，赵国、魏国、韩国跻身强国之列。战国七雄的格局正式形成，分别是秦国、楚国、齐国、燕国、赵国、魏国、韩国。

根据《史记》记载：赵武灵王“召肥义与议天下”，大朝五日后决定进行胡服改革。

赵武灵王推行胡服骑射，厉行改革，改变了中国军队中宽袖的军装，取而代之的是窄袖军服，渐而演化为盔甲装备。赵国所用的“胡服”，因为衣短袖窄，类似于西北戎狄之服，所以被俗称“胡服”。胡服骑射的实施减弱了华夏民族鄙视胡人的心理，缩短了二者之间的心理距离，奠定了中原华夏民族与北方游牧民族服饰融合的基础，进而推进了民族交融。

图 2–3　战国赵长城（董旭明摄影）

墙，增筑的城池墙外有护城河、壕沟等防御设施，例如鲁国都城曲阜、齐国都城临淄、郑国都城新郑、楚国都城郢（纪南城）等，都是防御设施齐全的军事重镇。各诸侯国的城邑，多属军事城堡。至今已发现的春秋战国都邑城池，不下三四十座。大城如山东的薛城、郲城，周长都在 10 千米上下，一般是不规则的方形；其他小城，周长一般在 5 千米上下，多为方形。城墙厚度大致在 10 米左右。凡诸侯国都，不论大小，绝大多数都有内外两城。内城就是宫城，是宫殿区；外城也叫郭，郭城有的在宫城外围，有的在宫城一侧。郭城一般都是为了拱卫宫城或服务于宫城而建的。

战国时期长城的修建，有一个发展过程。起初是用彼此相望的烽火台或连接排列的城堡，以传递信息和相互呼应、救援。随着战争规模的扩大，运动战略的开始运用，以及战争改用步兵、骑兵为主力，经常采用野战和包围战等方式，原来的防御手段远远不能满足军事上的需要，于是就产生了用城墙把烽火台、城堡、河谷、山崖、壕堑、道路等联系起来大规模的防御体系。

三、长城在秦、汉一统中修出规模

秦始皇（图 2–4）二十六年（前 221），秦国结束了自春秋战国时期以来的诸侯割据称雄局面，建立起中央集权的国家政权。

图 2–4　秦始皇

《史记》记载，建立全国政权后，秦始皇下令“堕坏城郭，决通川防，夷去险阻”①，消除了春秋战国诸侯国互防长城对秦王朝统治的影响。为了防御匈奴，于始皇三十三年（前 214）他遣大将蒙恬北逐匈奴，不仅没有拆毁战国时秦、赵、燕三个诸侯国在北方修筑的拒胡长城，而且在这三条长城的基础上进一步连接、修缮，并在某些地段大规模地增筑，筑长城万余里，形成了一条新的长城。这就是历史上西起临洮（今甘肃岷县）、东至辽东鸭绿江（今辽宁东部、南部，及吉林东南部地区）的秦始皇万里长城（图 2–5）。

在秦始皇统一中原的过程中，匈奴人的社会制度正处于

秦始皇（前 259 — 前 210），是首位完成华夏大一统的铁腕政治人物。建立首个多民族的中央集权国家，采用三皇之“皇”、五帝之“帝”构成“皇帝”的称号，是古今中外第一个使用“皇帝”称号的君主。

秦始皇在中央创建皇帝制度，实行三公九卿，管理国家大事。地方上废除分封制，代以郡县制，同时书同文，车同轨，统一度量衡。对外北击匈奴，南征百越，修筑万里长城，修筑灵渠，沟通水系。还把中国推向大一统时代，为建立专制主义中央集权制度开创新局面。对中国和世界历史产生深远影响，奠定中国 2000 余年政治制度基本格局，被誉为“千古一帝”。

①〔西汉〕司马迁，著．史记·秦始皇本纪．顾颉刚，等，点校．北京：中华书局，2014.

图 2-5　秦长城（董旭明摄影）

转化阶段，出现了自己的政治领袖——头曼单于。之前，匈奴的部落联盟是松散型结合，时大时小，聚聚散散，很不稳定。自头曼单于开始，匈奴在政治上趋于团结、统一和稳定，经济实力和军事实力也比以前大为增强，因而不断直接威胁秦朝北部边防的大多数地区。完成中原统一大业后的秦始皇，不能允许这种威胁的存在。于是，日渐强大的匈奴，同更加强大的秦朝之间的战争不可避免。中原大局已定后，秦始皇便把注意力转向了北部边防，开始了北逐匈奴的各项工作。

匈奴是中国历史上重要的游牧民族之一，兴起于今内蒙古阴山山麓，是古代蒙古高原游牧民族。在中国历史上，匈奴曾多次与中原发生战争。匈奴的名字在不同历史时期有不同的称呼，有獯鬻、猃狁、玁狁、荤粥、荤允、獯戎等。

《史记》记载，始皇三十三年（前214）“使蒙恬将三十万众北逐戎狄，收河南”[①]，秦占据了今内蒙古境内河套以南地区。次年，蒙恬又率兵渡过黄河，占据了匈奴控制的阴山（今内蒙古大青山）、阳山（今内蒙古狼山）和北假（今内蒙古黄河河套以北、阴山山脉以南的夹山带河地区）等地，将秦王朝北方边疆进一步扩展到阴山一线和黄河北岸地区。

秦始皇修万里长城，是由于中原农业经济同北方游牧经济矛盾的特殊性所决定。经济是基础，农业生产需要和平安定的环境。只有安定，才能不断地进行耕耘和收获，实现自身经济的发展。秦国在战国各诸侯国中经济力量的雄厚，军事力量的强大，能够消灭六国、平定百越，也可以迫使匈奴远遁漠北。为了严防匈奴仍可能南下的侵扰，秦始皇最终确定了对匈奴的战略：一方面在军事上严厉打击匈奴，另一方面大修长城来巩固边防，以确保秦国的安全。

秦朝对匈奴的作战并取得胜利有其历史原因。从秦朝方面来看，已经建立了强大、集权的政权，拥有一支数量众多、兵种齐全、组织严密、装备精良、适应各种地形条件下作战的强大军队，并有牢固的边防作屏障；秦国还有雄厚的人力、物力作保障。从匈奴方面来看，当时匈奴还没有真正建立起强大的政权，也没有真正建立起作战实力可以与秦军相比的军队，

①〔西汉〕司马迁，著．史记·蒙恬列传．顾颉刚，等，点校．北京：中华书局，2014.

其作战方式还没有摆脱原始部落的作战传统习惯，一旦同有组织的强大秦军相遇，匈奴只能以失败和后撤换取生存。秦北征匈奴收复战国时赵国的旧地，又在阴山以南、黄河以东设立九原郡，管辖新设的 34 个（一说为 44 个）县。秦国建都咸阳，北距匈奴所居河南地不远，一旦北方有警，咸阳就会直接受到威胁。秦始皇要解除后顾之忧，就要迫使匈奴北迁。

然而，由于秦始皇的暴政和六国复辟势力的强大，纵有长城和强有力的军队的庇护，秦朝还是二世而亡。

汉朝是当时世界上最大的帝国之一，强盛时人口约 5000 万，而同时期整个欧洲的人口才 3000 万。

汉朝奉行“南抚北守、以防为主”的战略思想，通过和亲、安抚，虽然稳定了与匈奴的关系，但仍满足不了匈奴在生产、生活方面的需求，边塞外侧的匈奴冲入长城内抢掠的事情时有发生。汉朝不得不在秦长城的基础上继续增加长城的长度，用来加强边疆地区的军事防御。

在两汉的 400 多年历史上，不少政治家、军事家都提出过运用长城防御体系加强边防。因为匈奴的骑兵大都是利用秋高马肥的季节抢掠汉朝边境地区，遇汉军主力就会立即撤回本土，一般不在汉地作战，更很少有主动与汉军主力作战的情况；汉伐匈奴则不分季节，多乘匈奴内乱或自然灾害时发起进攻。

由于汉北方需要进行防御的地域太大，虽军民远多于匈奴，仍无法对过长的农牧交错地带进行有效的防御，故修建长城还是有效可行的重要防御手段。《汉书 · 晁错传》中记载了一段话，意思是说和匈奴战斗，我们的骑射技术不如人家肯定吃亏，但要是借助长城防守用弓箭射他，这才是我们的长处，可以以一当十，一定能胜利。

多年的边境征战使汉朝认识到：匈奴骑兵的抢掠并非是针对中原政权的，只是由于资源贫乏，为了生存便将抢掠对象确定为汉朝边地的军民。汉朝修建长城并使之成为管理边

汉武帝刘彻（前 156—前 87），西汉第七位皇帝。为巩固皇权，汉武帝在地方设置刺史，开创察举制选拔人才。采纳主父偃的建议，颁行推恩令，增强王朝势力，并将盐铁和铸币权收归中央。文化上采用了董仲舒的建议“罢黜百家，独尊儒术”，结束先秦以来“师异道，人异论，百家殊方”的局面。汉武帝时期攘夷拓土、国威远扬，东并朝鲜、南吞百越、西征大宛、北破匈奴，奠定了汉地范围，首开丝绸之路、首创年号，兴太学。

汉长城，汉武帝太初年间修建。考古发现，汉王朝修建过一条西起罗布泊，东至吉林东南部，长达 1000 多千米的长城，是一条以壕沟，或利用自然地形作屏障，由烽燧、古堡、亭障等组成的防御工事，在汉简中常被称为“塞”。汉长城一般就地取材或凿石垒墙，或取土夯筑，而

疆的措施，主要是为了对抗匈奴这种经常性的抢掠事件。

汉长城（图 2-6）形成的整个过程，大体可分三个阶段：第一阶段发生在汉武帝修筑长城以前，第二阶段发生在汉武帝远征匈奴之后，第三阶段发生在东汉时期。汉长城的构筑，除借助自然天险构筑起坚固而连绵的墙垣外，还特别注重障、坞、燧、关等各种设施与墙体的互相配合。从战略和战术上来看，汉长城是按照汉王朝的既定战略修建的。

汉长城是中国历史上修筑的最长的长城：东起辽东，经阴山、河西走廊，向西至渠犁（今新疆库尔勒以西）。

在荒漠则以芦草和树枝层层叠压而成。

图 2-6　甘肃金塔芦草井汉代长城遗址（董旭明摄影）

四、长城为鲜卑族在北方立足奠定根基

鲜卑族源于东胡，当初东胡被匈奴冒顿单于击溃后，就分成了两部分：退到乌桓山的形成了乌桓族，走到鲜卑山的形成了鲜卑族。

北魏太武帝拓跋焘是个有作为的君主，在随后的几年内，先灭了大夏，攻下大夏国都统万城，不久又击破割据辽东、辽西的北燕，打败了割据河西的北凉。在北征柔然获胜后，于京城平城以北阴山以南，自西而东，设置了六个军事重镇，史称北魏六镇。北魏六镇的地理位置为：沃野镇，今内蒙古五原北；怀朔镇，今内蒙古固阳西南；抚冥镇，今内蒙古四子王旗东南土城子；武川镇，今内蒙古武川西土城；柔玄镇，今内蒙古兴和台基庙东北；怀荒镇，今河北张北。

鲜卑是继匈奴之后在蒙古高原崛起的古代游牧民族，兴起于大兴安岭，属东胡族群，蒙古语族，是魏晋南北朝时期对中国影响最大的游牧民族。

北魏一共有两次较大规模地修筑长城，目的都是防御柔然南下。第一次是北魏泰常八年（423）修筑的。南朝的刘宋和北魏交战，双方正在争夺河南，柔然又乘机袭击骚扰北魏边境。拓跋嗣为了保护北部边境的安宁，便效仿秦汉时期中原农耕民族的做法，从赤城（今河北赤城）到五原筑了一道长城，设了一些镇堡，用来防止柔然，拱卫平城。这道长城在军事上，起到了遏制柔然南下的作用。

北魏太武帝于神䴥二年（429），率军分东西两路打击柔然，大获全胜。随后于京都平城以北，阴山以南，自西而东先后设置沃野、怀朔、抚冥、武川、柔玄、怀荒六个军事重镇，用以拱卫京都。这些镇城组成了北魏北部边疆上的一道防御线。北魏太常卿高闾曾上表建议修筑一道长城，将六镇连接起来，但这个建议并未得以很好地实施。

北魏第二次大规模修筑长城，始自北魏太平真君七年（446）。《魏书》载“太平真君七年六月丙戌，发司、幽、定、冀四州十万人，筑畿上塞围，起上谷，西至河，广袤皆千里”[①]。这条“畿上塞围”实际上就是一条保卫北魏京都平城（今山西大同）的长城。

太和十八年（494），北魏孝文帝宣布迁都洛阳，大批的鲜卑族人源源不断地走向中原内地。为了稳定和发展北魏政权，孝文帝认识到，只有融入中原，鲜卑族占主体地位的政权才能稳定发展，自我隔离于中原汉族是没有出路的。

《魏书》是北朝北齐人魏收所著的一部纪传体断代史书，《魏书》中记载了公元4世纪末至6世纪中叶北魏王朝的历史。共124卷，其中本纪12卷，列传92卷，志20卷。因有些本纪、列传和志篇幅过长，又分为上、下，或上、中、下三卷，实共131卷。

① 〔北齐〕魏收．魏书·世祖本纪．北京：中华书局，2018.

五、长城为隋、唐拒北再显神功

隋文帝、隋炀帝、唐高祖和唐太宗这几位皇帝虽然在中国历史上赫赫有名，但都曾经被漠北突厥时常骚扰的问题搞得头痛不已。依然只是采取要么筑长城防御，要么重兵出击，没有更好的办法解决根本问题。

北周大定元年（581），杨坚代周，建立了隋朝。突厥汗国趁着隋朝初创之时，向中原隋朝发起进攻，隋文帝只好发兵抵抗，并且修筑长城加强防御。

次年，隋利用北部突厥人的内部矛盾，支持东突厥，封东突厥首领为启民可汗，允许其南渡漠南，寄居白道川（今内蒙古呼和浩特西北）。这样一来，接受隋朝统辖的东突厥，就成为隋朝的北部屏障，把西突厥阻隔在漠北。

隋文帝杨坚采纳长孙晟“远交近攻，离强合弱”的建议，通过孤立分化的方式削弱突厥各可汗力量的做法，还是比较有效的。隋文帝一边采取策略稳定东突厥，一边修筑了北部的长城。从军事防御的需要出发，根据当时的经济条件，比较客观地制订了修筑长城的计划，故隋长城的很多地方，是在前朝长城基础上做的修缮，实际的工程量并不是很大。

隋炀帝杨广即位后，也很重视与突厥的关系。大业十一年（615）八月，隋炀帝巡视北部边地。得知消息的始毕可汗，就带着重兵袭击隋炀帝。因从中原嫁到突厥的义成公主事先派人通知了隋军，隋炀帝才得以提前进入雁门城中。

隋炀帝深知修建长城是对付游牧骑兵的有效方法，也曾经两次大规模征调役夫砌筑长城（图 2–7）。但由于他好大喜功、炫耀武威，结果被揭竿而起的瓦岗军所败，后来被叛军用一条丝绸带缢死了。隋炀帝在修建长城、建设运河方面虽然建立了丰功伟业，却败在了苛捐暴政、人心背向上面。

李唐王朝最终打败了突厥，取代了隋朝。唐高祖李渊及其之后基本上没有怎么修长城，主要是靠强大的藩镇，利用原有的长城保卫边疆地区。唐朝部署在长城地区的军镇力量非常强大，藩镇制度就是依靠军镇长官节度使来管理自己的地盘。也正是由于藩镇力量的不断扩张，在防外患的同时也为唐朝埋下了内患的种子。

图 2-7　宁夏盐池隋长城花马池段（董旭明摄影）

节度使造反开始于“安史之乱”。安史之乱后，唐朝动荡了100多年，以致唐朝灭亡之后依然是藩镇割据局面的乱世。正是这些防御游牧军队的藩镇强大起来之后，普遍发生的藩镇割据要了唐朝皇帝的命，导致了唐朝灭亡。

唐朝之所以没有大规模修筑长城，主要是过于依赖藩镇的力量，只是在发生战争后才在局部地域修筑一些烽燧（图2-8）等军事防御工程。

图 2-8 甘肃玉门戈壁中唐代遗存八面烽燧（董旭明摄影）

安史之乱是唐玄宗末年至唐代宗初年（755—763）由唐朝将领安禄山与史思明背叛唐朝发动的战争，为唐由盛而衰的转折点。这场内战使得唐朝人口大量丧失，国力锐减。发起反唐叛乱的指挥官以安禄山与史思明二人为主，因此事件被冠以安史之名。又由于其爆发于唐玄宗天宝年间，也称天宝之乱。

唐代经历唐太宗的“贞观之治”、唐高宗的“永徽之治”，武则天的“治宏贞观，政启开元”，及唐玄宗的“开元盛世”后，成为一个国富民强的国家，经济水平在唐玄宗天宝年间达至鼎盛。安史之乱发生后，对唐朝的发展造成了重大的影响。

六、长城为辽、金、元入主中原所认同

辽金入主中原后的修建长城，是对中原文化的认同，并形成之后入主中原民族的文化默契。

唐天祐四年（907）唐朝灭亡，9年之后，契丹可汗耶律阿保机建立了国号为契丹的政权，大同元年（947）改国号为辽。辽最盛时的疆域，东北到今天的日本海，北到外兴安岭、鄂霍次克海，西北到蒙古中部，西到天山，南以今天津市海河、河北霸州、山西雁门关一线与宋相连。

在中国历史上曾经有过一个被称作“儿皇帝”的人，他就是五代时期建立后晋政权的石敬瑭。

后唐清泰三年（936），河东节度使石敬瑭造反自立，并向辽国求援，辽国派出军队扶植其建立了后晋政权。石敬瑭表示愿意称臣于契丹，并向辽国君主耶律德光行父子之礼，当时石敬瑭已经45岁，耶律德光却只有34岁。

两年之后，石敬瑭遵照辽国的要求，把长城区域的燕云十六州让给辽国。历史上的燕云十六州，包括今天的北京、天津、河北北部、山西北部区域，这使得辽国的疆域扩展到长城沿线，这对辽朝的发展非常重要。契丹是典型的游牧民族，其主要生活的区域就是现在的内蒙古一带，没有真正的农业区。得到了燕云十六州的契丹族轻易突破了长城的阻挡，同汉族杂处。这使得辽国顺利进入了中原地区。

到辽保大五年（1125）也是宋宣和七年的二月，辽国天祚帝在应州被俘，辽被女真族所灭，这一年是金天会三年。

金朝曾经是中国北方实力雄厚、领土广阔的少数民族政权，曾几何时，北宋被金灭亡后，金继续向南扩张，很有统一

后晋高祖石敬瑭，五代十国时期后晋开国皇帝。早年曾隶属于后唐明宗李嗣源帐下，迎娶李嗣源之女。参与后梁朱温与晋国李克用、李存勖“梁晋争霸”，冲锋陷阵，战功卓著。后唐末帝李从珂即位后，拜为河东节度使，封为赵国公，赐号“扶天启运中正功臣”。然而因君臣相互猜忌，后唐清泰三年（936）起兵造反，坐困于太原，遂向契丹求援，割让幽云十六州，甘做“儿皇帝”。随后，在契丹援助下，灭亡后唐，正式即位，建立后晋，定都汴梁。

全国的趋势。金帝完颜亮为了实现控制中原地区，推行了许多措施，还将首都迁到了燕京（今北京），作为金国的中都。此时崛起在漠北的蒙古政权也越来越强大，为防御蒙古，金朝开始大筑长城。金长城初建于熙宗、世宗时期，大规模修建于章宗时期，所建的长城皆位于草原地区，既有沿用，也有新建（图2-9）。金虽有强兵向南扩张，却无力抵御成吉思汗的大举进攻。金正大九年（1232），金被蒙古军击败，金虽修筑长城防御蒙古军，终于还是被蒙古军所灭。

蒙古人成为第一个征服中原和南方的游牧政权。成吉思汗时代，是蒙古人最强盛的时代。在冷兵器时期，游牧民族在马背上的优势极为明显，令农耕民族无可奈何。成吉思汗的后代忽必烈灭掉南宋之后，统一了中国，建立了由蒙古人统治的元朝。

元朝时期没有修建长城，这是因为那时中原和漠北都在元的版图之内，没必要修建长城。但是，元朝在长城的重要关隘还是设立防务的，但这些长城沿线的关隘，主要防御的是皇室之间为争夺皇权进行的战争。忽必烈死后，他的子孙们在皇族内部争权夺利，不断加强对老百姓的剥削和压迫。农民的土地被贵族阶层夺走，无田可耕，加之大江南北灾荒四起，到元顺帝做皇帝时，社会已经越来越混乱。

元朝的灭亡，不是蒙古人不善战，不是蒙古铁骑不再天下无敌，而是胜利了的蒙古政权，频繁发动战争使国力空虚，并采取错误的民族政策、残暴的统治使民不聊生，最终被明朝取代。

燕云十六州，指中国北方幽、顺、儒、檀、蓟、涿、瀛、鄚、新、妫、武、蔚、应、寰、朔和云十六个州，即今北京、天津北部（海河以北），以及河北北部、山西北部地区。

丧失燕云十六州，使得中原的北宋政权感受威胁持续长达160多年。元至正二十七年（1367），朱元璋命令徐达为主帅、常遇春为副帅，北伐元朝，收回燕云十六州，结束了数百年北方游牧政权的统治。

图 2-9　金界壕（董旭明摄影）

七、长城在明朝时期走上峰顶

1. 明朝初期（1368—1447）主要对付的是蒙古的威胁

历史上首次由南方统一北方的，是由明太祖朱元璋完成的。由于很少受到长城的阻挡，他先是兼并了几支起义军，然后再分路北伐，进攻元大都。元代至正二十八年（1368），也就是明洪武元年，朱元璋的军队顺利地攻克了元大都（今北京），元顺帝被迫退回“塞北”。

元朝军队虽然被打败了，可是军事实力依然很强大，所以，在明朝初年，明军和蒙元战事不断。朱元璋为了彻底解决扩廓帖木儿军队对中原的威胁，在洪武五年（1372）正月，出动 15 万重兵，分成三路攻击漠北。遗憾的是明军这次信心满满的大举进攻，却没有达到预期的目的。

这次失败，让朱元璋深刻认识到：取得了中原统治权后，来自蒙古草原各种各样的挑战将会成为常态。他命令手下将帅们，一定要缮治城池、加强防守。于是从洪武年间，就开启了明朝在长城地区置卫所、修城池、建烽燧、守隘口的基本防御战略。

明成祖朱棣即位后，把京都迁到北平，并且强化了长城防御。朱棣为什么要把首都从南京移到北京，又为什么五次率军亲征漠北？只因为他对蒙古部族武装力量有一个很清醒的认识，他要为子孙构建一个稳定的、不再受强大的蒙古部族威胁的基业。打仗打的是钱，相比较而言修建长城比战争成本要低很多。于是乎，明朝在长达两个世纪的时间内不间断地修筑长

朱元璋（1328—1398），幼名重八，参加农民起义军后改名元璋，字国瑞。元至正二十八年（1368）朱元璋击破各路农民起义军后，在应天府称帝，国号大明，年号洪武。朱元璋在位期间，下令农民归耕，奖励垦荒；大搞移民屯田和军屯；组织兴修水利；大力提倡种植桑、麻、棉等经济作物和果木作物；还徙富民，抑豪强；下令解放奴婢；等等。

朱　棣（1360—1424），明朝第三位皇帝，1402—1424 年在位，年号永乐。

朱棣受封为燕王。后朱棣发动靖难之役，建文四年（1402）在南京登基，改元永乐。朱棣在位期间改革机构，巩固了南北边防。多次

城，使此时的长城修建达到了鼎盛时期。

明长城是明朝在北方山区修筑的军事防御工程，亦称边墙。明朝在“外边”长城之内，修筑了“内边”长城。“内边”长城许多地方以北齐所筑长城为基础，起自内蒙古与山西交界处的偏关以西，东行经雁门（图 2-10）、平型诸关入河北后，向东北，经涞源、房山、门头沟、昌平、延庆诸地直达北京居庸关，然后又由北向东至怀柔、密云、平谷与“外边”长城相接。

派郑和下西洋，加强了中外友好往来。同时还命人编修《永乐大典》，疏浚大运河。永乐十九年（1421）迁都北京。在位期间将明朝由靖难之后的疮痍局面发展至经济繁荣、国力强盛的盛世，史称“永乐盛世”。

图 2-10　山西代县雁门关（吴建平摄影）

明朝时为加强对北方蒙元的防控，共设立了三道防线。

第一道防线。洪武元年（1368），明太祖派兵攻克元大都（北京）后，在内蒙古地区控制了许多军事据点，其中主要的有吉林船厂、亦集乃旧城、大宁卫（地处东部蒙古走廊开平卫侧翼）、开平卫（地处元上都，为前进基地），及东胜卫（地处河套，是各方进入河套的要冲开平卫侧翼）三个重镇呈三角形。明太祖在漠南借地利屯田牧马助军资，以图反攻岭北继承元朝仅存的行省，漠南所设置的诸多卫所都远在长城以北。明人评价“设东胜城于三降城之东，与三降城并。东联开平、独石、大宁、开元；西联贺兰山、甘肃北山，通为一边。地势直，则近而易守”[①]。

第二道防线。利用塞王（镇守边塞扩土开疆的藩王）把控边塞，同时，还经常派遣宗王出边巡狩。嘉靖《陕西通志》载行都司疆域“东一千一百七十五里，至于临洮府之兰州界；南一千五百七十五里，至于西宁卫之黄河界；西五百七十里，至于肃州卫之嘉峪山；北一千五百里，至亦集乃地”[②]。

第三道防线。主要配合明太祖北伐所加固修缮。洪武元年（1368），朱元璋派徐达等去修筑居庸关、古北口、喜峰口等处的城关后发动第一次北伐；洪武四年（1371），又令蔚、忻、崞三处民工和士兵协力修筑加固上述长城并发动第二次北伐。明洪武十一年（1378），太祖令徐达修建古北口关城后发动第三次北伐，洪武十四年（1381）修建老龙头长城、小河口长城后发动第四次北伐和第五次北伐。

永乐八年至二十二年（1410—1424）年间，先后五次出兵，深入漠北，取得军事上的重大胜利。

喜峰口，汉唐时称卢龙塞，宋、辽时称松亭关，明永乐年间重建关门并改称喜峰口，位于承德、唐山交界处。喜峰口长城主体已淹没于潘家口水库之下，是万里长城独有的一处景观。喜峰口城关楼高4丈，楼门两边构筑城墙并与万里长城相连。

1933年侵华日军两旅团联合先遣队进犯喜峰口，抗日将领宋哲元组织大刀队抗敌，即喜峰口战役，共歼敌4000余人。著名音乐家麦新的《大刀进行曲》，正是受喜峰口血战鼓舞而创作，一直流传至今。

①〔明〕魏焕．皇明九边考：第一卷镇戍通考．明嘉靖刻本．北平：国立北平图书馆，1936.

②〔明〕赵廷瑞，修，〔明〕马理，纂．陕西通志．刻本．1593（明嘉靖二十一年）.

2. 明朝中期（1448-1566）长期的对长城大规模兴筑

“土木之变”以后，瓦剌、鞑靼不断兴兵犯边掳掠，迫使明王朝把修筑北方长城，增建墩堡作为当务之急。百余年间建成长城重镇，逐步形成了“九边”分区防守，分段管理和修筑长城。“九边”即把长城全线按照区域划分成九个重要地区，委派总兵（亦称镇守）统辖，亦称之为九边重镇。

3. 明朝后期（1567—1620）隆庆、万历之际，边患主要来自东北的女真人及原来的后金政权

辽东镇长城。万历初年总兵李成梁拓边建宽甸、孤山六

正统十四年（1449）七月，蒙古首领也先亲率瓦剌大军南下攻掠明朝，攻占大同。明英宗好大喜功，在宦官王振的鼓动下亲征，在土木堡与也先部队交战。明朝军队指挥混乱，主动出击后又班师，

图 2-11　蓟镇山海关老龙头（吴建平摄影）

堡，继而重修辽东边墙，“自绵州迤东抵三岔河，又自三岔直抵旧辽阳”[1]。三岔河指辽宁海城市西北60里，当时的辽河、浑河合流于此，形成辽河套长城南端。工程主要是建空心墙台，用砖石为墙。万历四十七年（1619），熊廷弼再次主持了修缮建堡的工程。山海关至嘉峪关之间的边墙重建工程主要是在长城上建骑墙空心敌楼，易以砖石，加强防御工程，局部地段改线重建。

蓟镇长城。在蓟辽总督谭纶、刘应节，总兵官戚继光主持下造砖石空心敌台3000座，增筑山海关石墙至南海口入海（今老龙头，图2-11），修缮工程不仅仅是环卫京师的内长城，还扩大至今山西、河北交界的太行山内三关长城。

受到蒙古军队夹击大败，王振被杀，明英宗被俘。战争结束后，也先乘胜追击准备侵占北京。时任兵部侍郎于谦采用坚壁清野的办法进行了北京保卫战，守护了困境中的明王朝，史称土木之变。土木之变是明朝历史的一个转折点，对明朝政局和北元诸部势力的消长均产生了重大且深远的影响。

九边重镇是明朝弘治年间在东起鸭绿江，西抵嘉峪关，绵亘万里的北部边防线上相继设立了辽东镇、蓟州镇、宣府镇、大同镇、山西镇、延绥镇（也称榆林镇）、宁夏镇、固原镇（也称陕西镇）、甘肃镇九个边防重镇。嘉靖二十一年（1542），《皇明九边考》称其为“九边重镇”。

① 明神宗实录·万历元年条．红格钞本．北平：北平国立图书馆藏．

宣府镇长城。隆庆二年（1568），总督方逢时补筑北路龙门所外边，起龙门所之盘道墩（今河北赤城东），迄靖虏堡之大衙口（今河北崇礼东南），将开平卫独石堡围在长城以内。万历以后，主要城堡全部包砖。

大同镇长城。万历初年（1573），户部发26万余两白银修补增筑大同镇屯堡257座，敌台1028座，砖包。

山西镇长城。万历二十三年（1595），巡抚李景元重筑雁门关边墙，绵亘15里。增修偏头关、宁武关关城和沿太行岭南下长城各关城、空心敌楼，皆甃砖。

延绥镇（亦称榆林镇）长城。隆庆年间重建大边长城，东起榆溪河西岸，西至保宁堡（今榆林市西南30余里）；隆庆五年（1571），郜光先又督造榆溪河红石峡以东至常乐堡（榆林东北40余里）、保宁堡西南至波罗堡大川口无定河北岸的两段长城；万历初，张守中殚力营建黄甫川至建安堡（今榆林市李家峁村南）及波罗堡西南至镇靖堡的数百里大边长城，同时，他“因边为墩，因墩置院，因地筑寨，补修改移，重新配置”，计修建了104座墩堠、484座墩院、59座寨城，[①]使榆林镇北边长城最终定型，屹为巨障。万历三十五年（1607），榆林长城又进行了清除积沙、砖包台堡的工程，并在榆林城北15里红山市口创建镇北台，此台高7丈，是明代万里长城沿线最大的一座城台。

宁夏镇长城。嘉靖四十年（1561），宁夏发生大地震，长城倾圮殆尽。隆庆年间首先重建黄河东岸坍塌的长城；万历初年开始补筑或重建贺兰山诸沟口的关墙，增筑墩台、大小堡寨。

固原镇（亦称陕西镇）长城。隆庆五年（1571），总督王之诰、戴才相继主持新筑裴家川长城“于宁夏扯木峡旧堡河口，至五方寺塔儿湾白草[羊]川墩”[②]。新筑边墙北自今宁夏中卫市西界，循黄河南岸延伸，止于甘肃景泰五佛寺乡对岸，与固原旧边相衔接，并建水安堡城（今靖远石门乡东南）驻军戍垦。万历二十六年（1598），大、小松山战役以后，甘肃镇拓新边，起自五佛寺南黄河西岸的索桥，与固原镇裴家川长城首尾相望，旧边民城军事地位衰落，固原镇防守重心北移至黄河南岸裴家川长城一线，沿线增建几十座城堡墩台，并开口互市，成为贺兰山以西“西套”蒙古诸部落同长城以内贸易的重要通道。

①〔明〕郑汝璧，等，纂修．延绥镇志．陕西省榆林市地方志办公室，整理．上海：上海古籍出版社，2011.
②〔清〕顾祖禹，撰，读史方舆纪要．贺次君，施和金，点校．北京：中华书局，2019.

甘肃镇长城。明朝后期，长城的大规模重建与改线主要发生在甘肃镇防区内。隆庆五年（1571），廖逢节主持了数段重建工程。其一，西自甘州卫板桥堡（今临泽板桥），东至明沙堡（今张掖西北60里）；其二，东自板桥堡，西达镇夷所（今高台西北天城村）黑河东岸（今正义峡）；其三，西起嘉峪关（图2-12），东接镇夷所黑河西岸；其四，自山丹卫教场东接古城窟界碑（今山丹县城东南100里）。重建工程重点是修复城垣，重挖堑壕，补砌排水道。万历二年（1574）以后，陆续以青砖包砌，焕然改观。万历二十六年（1598），三边总督李汶集七路之师，分道出兵，进剿盘踞于大、小松山（今甘肃景泰寿鹿山、昌林山）一带的鞑靼阿赤兔等部。役平，遂筑松山"新边"。"河东自永安索桥至小松山双墩分界，共一百八十里；河西自泗水，土门至小松山双墩分界，共二百二十里。"[①] 河东指黄河以东的固原镇，河西指甘肃镇防地。永安索桥，位于今景泰东南黄河西岸；双墩指景泰西北昌林山张家梁，时为二镇分界地；泗水堡、土门堡，即今古浪县北的泗水、土门乡。这条新边长城东与黄河东岸的固原镇裴家川长城隔河相望，西同甘肃镇古浪所、庄浪卫（今甘肃永登）旧边相衔接，构筑于松山北麓与卤碛沙滩之间，全长400余里，墙内新筑土门、大靖、裴家营、红水河、三眼井、芦塘营诸城堡，由甘肃、固原二镇分防，使明王朝该段防线自黄河沿岸向北推进了300余里，乃明后期修筑长城的最大工程。主要范围延绥镇"由黄甫川西至定边营千二百余里，墩堡相望，横截套口；内复堑山堙谷，曰夹道，东抵偏头，西终宁固"[②]。黄甫川源于今内蒙古河套准格尔旗境内，南流至陕西府谷东北注入黄河；定边营治今陕北定边，偏头即今山西偏关，宁固指当时宁夏。

国家文物局和国家测绘地理信息局经过近两年的调查与测量，2009年4月18日首次公布明长城数据。数据显示：明长城东起辽宁虎山，西至甘肃嘉峪关，从东向西行经辽宁、河北、天津、北京、山西、内蒙古、陕西、宁夏、甘肃、青海10个省（自治区、直辖市）的156个县域，总长度为8851.8千米。其中，人工墙体的长度为6259.6千米，壕堑长度为359.7千米，天然险的长度为2232.5千米。

①〔清〕梁份．秦边纪略：卷1．西宁：青海人民出版社，1987.
②〔清〕张廷玉，等，撰．明史：卷91兵志·边防．北京：中华书局，1974.

图 2-12　嘉峪关关城（董旭明摄影）

八、长城在清代经历沧桑

明朝虽然是除秦汉之外又一个举全国之力修筑长城的王朝，但到了明末很多地段无法防范强大的清军。1644 年清军入关（图 2-13）成为全国统治者之前还有过五次

入关行动：明崇祯二年（1629），皇太极率军绕道蒙古第一次入关打到了北京城下，袁崇焕就是在这次战争中被多疑的崇祯帝冤杀的；崇祯七年（1634），皇太极率军兵分四路再次破关而入，这次做的都是些抢掠的事；崇祯九年（1636），皇太极的弟弟阿济格率军第三次入关，攻克 12 城；崇祯十一年（1638），多尔衮率军第四次入关打到了山东，济南城被清军屠杀烧毁一空；崇祯十五年（1642），皇太极的哥哥阿巴泰第五次率军入关，俘获 30 多万人。

图 2-13　河北山海关关城（吴建平摄影）

清军在五次入关南侵时发现，出城阻击的明军极少，长城也没有起到应有的防御作用。这也成了后来康熙帝“永不修长城”的一个托词。毕竟北方势力已经被清朝几代帝王通过联姻被降服为臣子了。

其实，清朝还真的修过长城（图 2-14）。清初，清朝统治者早已发觉仅靠“德”，不仅无法使属地安宁，甚至无法使掌控的一统江山摆脱藩部的侵扰。若不利用长城果断对藩部采取严加防范和惩治只能置自己于更加被动的地步。在顺治十三年（1656），清朝对厄鲁特部落的巴图鲁台吉、土谢图巴图鲁戴青等人传令，提及：“乃数年来，尔等频犯内地，劫夺马牛，拒敌官兵，率领番夷，威胁抢掠督抚按屡经奏报，即行遣官晓谕，尔终不悛。”①

康熙五年（1666），“青海各部蜂屯祁连山，纵牧内地大草滩，声言将入寇河州、临洮、巩昌、西宁、凉州诸地，提督张勇请自扁都口西水关至嘉峪关筑边墙，以限内外”②。这段长城在甘肃西南方向，而明代甘肃长城主要在东北方向。又如，三藩之乱时，青海蒙古“边前犯洪崖堡，今又乘我兵进剿河东，乃拆毁关隘，袭执官吏，与官兵会战，永固城副将陈达战殁……”③可以证实，甘肃地区确已成为清朝边患时的“痛处”。故清朝不得不继续使用和维修明长城，来进行对青海蒙古的防御。

到了雍正年间，青海地区发生了罗卜藏丹津之乱。经由此事，大将军年羹尧请求在西宁的北川——边疆外上下白塔的地方，从巴尔托海到扁都口周边地方修补乃至新修边墙、构筑城堡。雍正帝批准了年羹尧的提议。那时的清朝，不仅维修边防城墙，也会根据局势重新修建城墙。修建长城（边墙）不仅

顺治元年(1644)四月二十二日，满洲贵族的军队疾驰至山海关，明朝将领吴三桂开关迎入。在吴三桂与清兵两军合力下，李自成起义军寡不敌众，只好撤退，于是山海关大门洞开，清军大批进关驰入中原，攻占京师（今北京）。同年十月，清朝定都北京，逐渐建立了对全中国的统治。

厄鲁特部落是清代时期西北地区以畜牧业为主的游牧民族。厄鲁特是清朝时期的卫拉特，二者是大小概念的关系。元代称之为斡亦剌，明代称瓦剌，清代称厄鲁特、漠西蒙古等，有时也称四卫拉特。

三藩王是指平西王吴三桂、平南王尚可喜、靖南王耿精忠。清廷入关后为对付李自成农民军和南明政府的反抗，封云南的吴三桂、广东的尚可喜、福建的耿精忠为藩王。康熙十二年(1673)春，康熙帝

① 赵之恒，等，编．大清十朝圣训．北京：燕山出版社，1998.

②〔清〕魏源，撰．圣武记：卷 3 国朝绥服蒙古记．韩锡铎，孙文良，点校．北京：中华书局，1984.

③ 清圣祖实录：卷 54. 北京：中华书局，1985.

图 2-14　清代柳条边（董旭明摄影）

作出撤藩的决定。吴三桂首先于这年十一月杀云南巡抚朱国治，自称天下都招讨兵马大元帅，提出“兴明讨虏”，将矛头指向朝廷。吴三桂于康熙十七年（1678）在衡州称帝，立国号周，建元昭武，大封诸将。康熙帝通过分化力量而孤立吴三桂。在耿精忠等归顺清廷之后，吴三桂在死前将帝位传给孙子吴世璠。康熙二十年（1681）冬，清军进入云南昆明，吴世璠自杀，历时8年的三藩之乱被平定。

起到了隔绝藩部和直省地区的作用，并且兼备战时防御的军事作用。

康熙二十九年（1690），噶尔丹大军直达漠南蒙古的乌兰布统，距北京不足千里，对漠北蒙古和甘肃地区造成了严重的威胁，成为清朝统治者的心头大患。因而，康熙三十三年（1694），朝廷议定大规模维修陕甘地区边墙。当年，川陕总督佛伦奉旨巡检查验陕西三边的边墙，在向康熙反映边墙现状的同时，呈上了修建计划：“臣奉旨查阅三边，查陕西自肃镇嘉峪关北边，以至宁夏贺兰山起处，俱系土筑边墙；自贺兰山之胜金关起，至贺兰山尽之平罗营，原无边墙，以山为界……三边墙垣，历年久远，坍坏已多，若不亟为修理，必致倒废。但三边遥远，不能克期修理，勒限完工，请于明年渐次修补……从之。”[①]那时，清朝维修陕西三边边墙，正是为了抵御噶尔丹的侵伐。

独石口位于河北赤城北，有“上谷之咽喉，京师之右臂”之称，因关口处有一座拔地而起的孤石而得名。独石城向的两河之间，左为黄龙河，右为青龙河，背靠蜘蛛山，所以有“二龙戏珠”之说。元末明初它就以“朔方屏障”驰名天下。独石口为外长城南北的交通要口，形势险要。

① 清圣祖实录：卷162康熙三十三年正月乙丑．北京：中华书局，1985.

直到康熙三十六年（1697），噶尔丹病死，战争才暂时落幕。

雍正帝继位后，清朝的西北边患依旧，他决定西征漠西蒙古，将军队分为北、西两路大军。而这时的漠西蒙古，正是军事力量强悍之时。雍正九年（1731）十月，雍正帝下令加强古北口、大同等地的防御，并提及："至于边墙，年久倒塌而地当紧要者，亦应酌量修筑，以肃边境。着御史舒喜、天津总兵官补熙前往，会同古北口提督路振扬亲往踏勘。"[①] 修筑边墙一事显然是为了防范来自漠西蒙古的威胁。《清史稿》中"雍正九年，令直隶疆臣修治边墙，其古北、宣化、大同三处，咸募兵增防。自独石口（图 2-15）以西，至杀虎口一带要隘，亦酌增弁兵"[②] 的记载，也证实了清朝修筑长城事实的存在。

另，史籍还记载了乾隆十二年（1747）时，山西巡抚请求：

杀虎口也称西口，古称参合口，已有 2000 多年历史。位于山西朔州右玉境内，紧邻晋蒙两省交界处。是晋北山地与内蒙古高原的边缘地区，也是从内蒙古草原南下山西中部盆地，或转下太行山所必经的地段。是雁北外长城最重要的关

① 清世宗实录：卷 111 雍正九年十月壬子 . 北京：中华书局，1985 .
② 赵尔巽，等，撰 . 清史稿：卷 119 兵八 . 北京：中华书局，1977.

“晋省墩兵从前因边方紧要，每墩设兵一二名，今各墩在腹里，自应因地制宜，酌量彻留，除楼子营所管石城等墩台一十六座，俱设在边墙或与边垣附近……”由此可见，清朝不只在一朝修筑过长城而且还充分地利用了原有的长城。

清晚期，是近代中国半殖民地半封建社会的形成时期。第一次鸦片战争（1840）后，西方列强以武力迫使清廷签订很多不平等条约，清朝统治力量开始衰落，清朝统治危机进一步加深。此时，伴随着列强在华设厂和洋务运动的发展，中国出现了民族资本主义。面临国内外的双重压力，清朝统治之下农民发起了太平天国运动和义和团运动，大清王朝摇摇欲坠，哪里还有闲钱修筑长城。至此，也留下了清朝未修长城的后话。

图 2-15　雪后独石口

隘之一。因其特殊的地理位置，明朝在此建关并更名为“杀胡口”，清改为杀虎口。

太平天国运动是清朝咸丰元年到同治三年（1851—1864）期间，由洪秀全等领导的反对清朝统治和外国资本主义侵略的农民起义，也是19世纪中叶中国最大的一场大规模反清运动。1864年，随着太平天国首都天京的（南京）陷落，运动失败。

义和团运动是指19世纪末在中国发生的一场以“扶清灭洋”为口号的农民运动，粉碎了帝国主义列强瓜分中国的狂妄计划，沉重打击了清政府的反动统治，加速了它的灭亡。最初义和团，以“反清复明”为口号反对满族统治。随着以帝国主义对中国的侵略成为时代矛盾的主体，义和团开始支持清朝抵抗西方，改名为“虎神营”，并将口号也改为“扶清灭洋”。

九、长城在新中国再度辉煌

中华人民共和国成立后，国家成立了国家文物局，此间，罗哲文等老一代文物工作者遵照安排专门从事对长城大量的踏查研究工作。八达岭长城也于 1954 年经过修缮，成为第一座对中外游人开放的长城。

1984 年 7 月 5 日，《北京晚报》等单位联合发出启事，号召社会力量赞助修复长城。紧接着在 7 月 6 日，时任中共中央政治局委员、书记处书记的习仲勋在人民大会堂对《北京晚报》记者说“这是一个好的活动，是个大好事”，并欣然为这次活动题写“爱我中华，修我长城”（图 2–16）。当年 9 月 1 日，邓小平“爱我中华，修我长城”的题词（图 2–17）见诸报端，把全国“爱我中华，修我长城”活动推向了高潮。

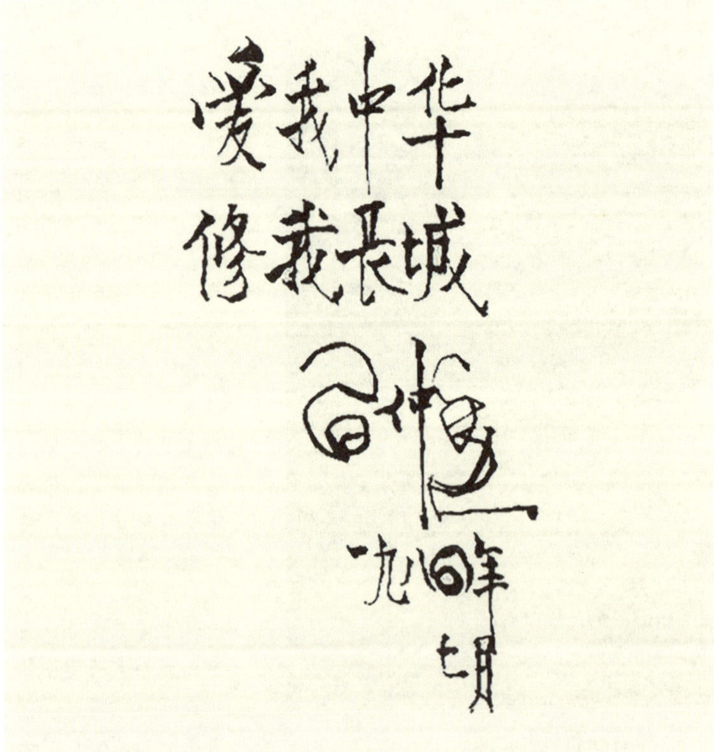

图 2–16　习仲勋同志“爱我中华，修我长城”题词

图 2–17　邓小平同志“爱我中华，修我长城”题词

1984 年以来，在老革命家习仲勋、黄华、王定国等人的支持、参与下开始酝酿成立中国长城学会。成立中国长城学会的任务和目标是“让雄伟的长城走向世界，把古老的长城留给子孙”（图 2–18）。其宗旨是努力弘扬民族文化，光大长城精神，大力研究、宣传长城。为此，习仲勋、黄华和王定国等人支持和组织电视台拍摄了 38 集的《万里长城》专题电视片，并畅播海外，让世界对中国的长城充满向往。王定国曾经说“长城代表中华民族，这些是文物，是自家的好东西，要保存下来”。

1987 年，由时任全国人大常委会副委员长的习仲勋和黄华、马文瑞、王光英、杨静仁，会同王定国、杨国宇、魏传统、白介夫、吕济民、邵华泽、陈昊苏、罗哲文、侯仁之、夏国治等一大批领导和专家学者共同发起成立了“中国长城学会”，第一任

图 2-18　许嘉璐题字“让伟大的长城走向世界，把古老的长城留给子孙”

名誉会长由习仲勋担任，会长由黄华、副会长由王定国等人担任。与此同时，在全国人民的支持参与下，八达岭长城、慕田峪、金山岭、张掖汉长城等各地长城的修复进程都得到了有力的推进。

长城虽然在今天用于战场攻防上的作用渐渐消失了，但是作为传承中华民族历史文化、凝聚中国精神的载体越来越发挥着重大的特殊作用。

长城路是历史必然的路，走出了这条路，中华民族就找到了生存的希望；

长城路是文化融合的路，沿着它前行，中国寻到了追求前景的光明；

长城路是传承文明、智慧的路，前赴后继、拓宽发展，世界将会迎来更崭新的时代……

“爱我中华、修我长城”“建设长城国家文化公园”，正如长城路上的一个个里程碑，激励着一代又一代人在长城路上阔步前行。

第三章

长城根　咬定青山不放松

说到根，你一定会想到参天大树，会想到很多带根的植物。说根是植物吸收养分的重要途径你一定会认可，因为在世界上存在的带有根茎的植物中，根深才能叶茂，才能茁壮成长，植物根脉是不是发达直接会影响到植物的生命和生长。

关于“根”《道德经》中载“有国之母，是谓深根固柢，长生久视之道”。这句话在《韩非子解老》中是这样阐述的“有国之母，母者，道也”，这里的道即是生存的规律。韩非子讲了老子的“有国之母，可以长久”，又接着阐述“树木有曼根，有直根。直根者，书之所谓‘柢’也”。这里的“柢”是树木赖以生长的建立者，蔓根是树木（图 3-1）赖以生长的保持者。主根是立国之本，蔓根是发展之基。所有的营养成分都是通过蔓根吸收获取，再经过主根传输，才会有树木的生长。

图 3-1　北京怀柔箭扣长城松（吴建平摄影）

为什么世界上会存在几千年依然茂盛的大树？为什么很多的植物会在自然生长中死亡？世界上存在的文明古国还有哪些？为何很多文明和文化会在历史的进程中忽然中断或者消失？

可能你会考虑到人为的因素、环境的因素，这些因素确实会影响植物或人类文明的生存与发展。反之，是不是也可以说明那些千年古树或中华文明能够绵延至今，是因为其有着一种抗击自然和人为因素的能力呢？

如果把中华民族喻义为一棵常青的参天大树，那么长城就如这棵大树的直根。正是有了这个直根，中华民族才能够在世界上其他古代文明相继消亡的时候，依然传承着它特有的历史文化，创造出举世唯一的传奇佳话。

长城砖就这样一块挨着一块，像牵着手的人们。长城见证了修建长城和戍守长城者的生活，目睹了千百年来在长城上演绎着的喜怒哀乐和悲欢离合。

这一块块长城砖，就像中国历史上各种不同的部落、民族，在不同的时期，从不同的方向进入到中华大地，为了一个目标凝聚在了一起。长城内外农耕文化与游牧文化在这种碰撞中融合，使5000多年的中华文明得以延续、传承，造就了今天多元一体的中华民族。

一、长城在部族碰撞和交融中奏响序曲

中国是世界上四大文明古国之一，也是世界上至今唯一的 5000 多年没有间断历史文化传承文明古国。同其他具有悠久历史但已经消亡的文明古国一样，在已经发现的古籍当中记载着很多涉及宇宙形成、人类诞生等典故和传说，这些都是人类在发明文字之前，以口口相传方式传承下来的。

中国古代典故、传说中与黄帝、炎帝相关的为最多。炎黄子孙是中国人在世界上最为骄傲的自称，而另一个别称“华夏子孙”则更加说明中国人与华夏族有着确定的渊源关系。

据古籍记载，“昔少典娶于有蟒氏，生皇（黄）帝、炎帝。黄帝以姬水成，炎帝以姜水成；成而异德，故黄帝为姬，炎帝为姜”[①]。有研究表明，“少典”是一个氏族部落的名称，炎和黄都是这个部族的后代。随着部族的不断壮大，炎、黄的能力在部落迁徙过程中得到了追随者的敬仰和推崇，各自都建立了自己的部落联盟。与此同时，今河南东部、江苏北部“蚩尤兄弟八十一人，并兽身人语，铜头铁额，食沙石，造兵仗，威震天下，不仁不慈”[②]和黄帝、炎帝一样，形成的蚩尤部落，是由多个氏族组成的联合体。

黄帝（图 3–2）因聪明好学又能征善战，得到周边部族的追随。炎帝却因专横跋扈而使更多的部落倒向黄帝一边，最终导致了“阪泉之战”，黄帝三战而胜。

后炎帝部族又与蚩尤部族发生冲突。炎帝向黄帝求救，

四大文明古国是对古代埃及、古代巴比伦、古代印度和中国的统称。中国是四大文明古国中历史与文明唯一没有中断的国家。

四大古文明的意义并不在于时间的先后，而在于它们是后来诸多文明的发源地，对其所在地区产生了巨大影响。四大文明是原生文明，而其他文明属于派生文明，深受邻近地区原生文明的影响。

炎黄子孙是华人的自称。“炎”指炎帝，以姜水（今宝鸡市境内）成。“黄”指黄帝，以姬水（今陕西武功漆水河）成。炎黄二帝为中华始祖。

①〔战国〕左丘明，著，〔三国吴〕韦昭，注．国语・晋语四．胡文波，校．上海：上海古籍出版社，1985.

②〔宋〕李昉．太平御览：卷 872. 北京：中华书局，1960.

图 3-2 轩辕黄帝

黄帝遂联合炎帝出兵与蚩尤大战于涿鹿，蚩尤被杀。著名的“涿鹿之战”说的就是这段历史典故。

《史记》记载：“东至于海，登丸山及岱宗。西至于空桐，登鸡头。南至于江，登熊、湘。北逐荤粥，合符釜山，而邑于涿鹿之阿。迁徙往来无常处，以师兵为营卫。官名皆以六名，为云师。置左右大监，监于万国。”[①] 这充分表明了黄帝部族两次得胜后已“监于万国”。客观地看，部落间的战争一方面是残酷的杀戮，另一方面也促进了民族和国家的形成。以黄帝为首的部族，通过一系列的战争将黄河流域的诸多氏族部落联合为一体，在促进生产力发展的同时也推动了统领区域的文化交流。北狄、犬戎等也将黄帝奉为本民族的祖先。

孔子曾说：“黄帝，少典之子也，曰轩辕。生而神灵，弱而成言，幼而慧齐，长而敦敏，成而聪明。治五气，设五量。抚万民，度四方……生而民得其利百年，死而民畏其神百年，亡而民用其教百年，故曰三百年。”[②] 显然仅从黄帝死后被称为“人文初祖”就可以看出，在黄帝的身上已经产生凝聚民族

阪泉之战是黄帝与炎帝部落联盟在阪泉进行的一次战争。此战对开启中华文明史、实现中华民族第一次大统一有重要意义。

阪泉之战曾见载于春秋时期的史籍中。公元前 636 年由于内乱，周王出奔于郑国，次年狐偃建议晋文公“求诸侯，莫如勤王”。晋文公“使卜偃卜之，曰：

①〔西汉〕司马迁，著．史记·五帝本纪．顾颉刚，等，点校．北京：中华书局，2014.
②〔汉〕戴德．大戴礼记·五帝德．嘉靖癸巳吴郡袁氏重彫．上海：上海涵芬楼．

的巨大精神力量。

黄帝以后，他的后代颛顼、尧、舜在黄帝建立的中原部落中，一直占据着酋长职位。

在《大戴礼》中记载着黄帝的后代“乘龙而至四海，北至于幽陵，南至于交趾，西济于流沙，东至于蟠木。动静之物，大小之神，日月所照，莫不砥砺”[①]。“仁而威，惠而信，修身而天下服，取地之财而节用之，抚教万民而利诲之”[②]。《礼记》又云：“帝喾能序三辰以著众。”[③]所谓“能序三辰”以“著众”，这里一方面反映了黄帝后时代的影响大大超过了黄帝时代，一方面也加进了人们对部族首领的崇拜、愿望和神话。

“共工与颛顼争帝之战”，尧“克明俊德，以亲九族，九族既睦，平章百姓。百姓昭明，协和万邦”，“大禹治水三过家门而不入”，大禹治水“通四夷九州”“置万国”等。这些类似于“史记”的记载既表现了部族首领在与自然和恶势力斗争中的超人能力,又表现了人们对美好事物渴望成真的企望。此时，民族精神的重要成分如关心人民疾苦、勤劳勇敢、开拓进取、一心向善等通过神话形式已经逐步形成。

古籍的记载和后人研究的共识是，西周春秋时形成的华夏族是我国最早的民族起源，华夏族是在夏、商、周等中原部落与其他部落不断融汇的基础上发展起来的。此时的华夏族已经突破了血缘关系组合，形成了在共同的地域条件下共同的语言和共同的文化并且开始有了作为民族自觉意识标志的族称——华夏。

在这个过程中，人们已经学会利用大自然形成的山、河、沟、口、塞筑建一些用于攻防的掩体和围墙，这些以征战为目的的建筑都可以被看作是后来春秋战国时期“列城”“方城”的雏形。

吉，遇黄帝战于阪泉之兆”。后来司马迁“西至空桐、北过涿鹿、东渐于海、南浮江淮”，收集民间传说并进行实地考察，参证文献记载写成《史记·五帝本纪》，复原了阪泉之战的历史过程。

涿鹿之战，是说距今5000余年前，黄帝部族联合炎帝部族，跟来自南方的蚩尤部族在今河北张家口涿鹿一带所进行的一场大战。战争的目的，是双方为了争夺适于放牧和农耕的中原地带。涿鹿之战对于古代华夏族由野蛮时代向文明时代的转变产生过重大的影响。涿鹿之战以后，炎、黄两大氏族成为中华文明的始祖。

①〔汉〕戴德．大戴礼记·五帝德．嘉靖癸巳吴郡袁氏重彫．上海：上海涵芬楼．
②〔西汉〕司马迁，著．史记·五帝本纪．顾颉刚，等，点校．北京：中华书局，2014.
③〔元〕陈澔，注．礼记·祭法．金晓东，校．上海：上海古籍出版社，2016.

二、长城在战国烽烟中发展前行

根据考古发掘的新石器时代文化遗址、远古神话传说，以及甲骨文中留存的大量记录所表明的事物来看，在原始社会末期，中华大地上的华夏族经夏、商、周三代已经进入早期国家形态，社会已有阶级分化；氏族部落内部出现贵族，也有了奴隶；王的地位已经突出，出现王廷和群僚机构的雏形。

无论是夏、商还是后来的周，这些早期国家形态里，一个显著的特征就是部落间频繁的战争。夏商的“鸣条之战”、商周的“牧野之战”都是为获得首领权力和地域利益的战争。

周灭商后为了加强对商地的统治，实行了分封制。

“分封制”的实质就是“授民授疆土”，由周王派遣诸侯（主要是周室王族子弟）带领本氏族民众到指定的区域并统领该地区原来的氏族部落。周分封前后持续了很长时间，“周之所封四百余，服国八百”[①]。所谓服国，就是因臣服而保留下来的氏族部落。

分封制是殷周之际的一大政治变化，它对民族与国家的形成产生了深远的影响。一是它体现了王的权力的扩大，周代天子之于诸侯已由“诸侯之长”一跃而为“诸侯之君”，凌驾于诸侯之上了。二是分封制加深了被征服部落的不平等地位，以强制手段割裂氏族血缘关系。可以说，这种开始以地域为特征的人们的共同体，已具备了民族的某些因素。

西周时期，华夏族称正式出现，它是以中原部落联盟为基础，经夏、商、周三代发展而形成的。周克商后，将自己的

在约公元前16世纪，夏王桀的统治出现了危机。夏朝在东方属国商，乘机先征服邻近的夏属葛国（今河南商丘宁陵北），保障商都南亳（今河南商丘东南）的安全。又派重臣伊尹至夏王都城探测虚实。再采取分别剪除夏朝羽翼的策略，各个击破了豕韦（今河南安阳滑县东南）、顾国（今河南濮阳范县东南）、昆吾（今许昌）等夏朝属国，使夏王桀孤立无援。接着，商汤又率战车70乘、敢死士兵6000人攻夏王都。夏桀只好仓促率王师与商军战于鸣条（今山西夏县之西），结果夏朝军队大败。鸣条之战的结果导致夏王朝灭亡，商汤建立了中国的第二个王朝商朝。

① 《历代碑帖法书选》编辑组．大盂鼎铭文．北京：文物出版社，1994.

统治区称为“夏”。“夏”，大也，故大国曰夏。“华夏，谓大国也。”①《说文》则说：“夏，中国人也。”周称统治区为夏，于是诸侯国就称“诸夏”。“华”与“夏”义同，故又称诸侯国为“诸华”。华夏族是这样的一个共同体：它是由炎黄后裔为主体的中原部落联盟发展而来，在地域上以“中国”自居，与周边戎夷蛮狄区分开来。他们主要从事农业，在中原地区较早地开始了农业生产，创造了比较先进的生产力。在文化上，他们视炎黄为共同的祖先，体现了强烈的民族自觉意识，而一个民族只有有了明确、统一的自称，标志其自我意识的成熟，这个民族共同体才算是最终形成了。②

华夏族是兼并和融合了许多非华夏族的氏族部落而形成的，它们分布在华夏周围，形如“犬牙交错”。大体而言，西方有犬戎、骊戎、允姓之戎、陆浑之戎、笫戎等戎族，北方有赤狄、长狄、北戎、山戎、无终诸戎族，南方有卢戎、群蛮、百濮、巴等族，东方有淮夷、群舒、介、莱夷、根牟等族。中国古代文献一般用戎夷蛮狄统称之。③

春秋时期，战乱频仍，烽烟四起。然而就是这个“争城以战，杀人盈城；争地以战，杀人盈野”④的特殊阶段对华夏族的发展产生了两大影响：一是郡县制产生，进一步割断氏族血缘组带而代之以地域组合；二是区域性民族融合中心的形成。

战国时期，齐、楚（图 3–3）、燕、韩、赵、魏、秦七国分别在兼并越、宋、鲁、刍、藤、蔡、陈、杞、郑、莒、鄒、郑、卫、中山和蜀等小国中逐渐壮大，西北方则主要有匈奴、东胡、貂、林胡、楼烦及戎等。值得一提的是，战国晚期匈奴的崛起，与北方赵、燕等国不断发生战争，燕（图 3–4）、赵、秦都在北边筑有长城，以抵御匈奴来自塞外的进攻。西方自秦

牧野之战，周武王联军与商朝军队在牧野（今河南鹤壁淇县以南、卫河以北，新乡附近）进行的决战。最后帝辛（商纣王）兵败自焚，商朝灭亡。

分封，即古汉语“封建”的原始含义。周王分封后裔、商的遗民，以及立功的将士，让他们在地方做“诸侯”，分区管理，辅佐周王，被封的“诸侯”在“封国”内继续分封。通过这种逐级分封，下级对上级承担缴纳贡物、军事保卫、服从命令等义务。目的是为保证王室的强大，拱卫王室；对各诸侯国有效控制，加强统治。春秋战国时，适应中央集权的郡县制逐渐取代分封制。

①〔清〕阮元，校刻．十三经注疏．北京：中华书局，1980.
② 陈琳国，陈群．中华民族的形成．广州：广东人民出版社，2001.
③ 陈琳国、陈群．中华民族的形成．广州：广东人民出版社，2001.
④ 杨伯峻，译注．孟子译注·离娄章句上．北京：中华书局，2005.

图 3–3　河南叶县楚长城（吴建平摄影）

郡县制起源于春秋时期的楚国楚武王熊通，郡制起源于秦穆公，经过法家历代的改革，郡县制最终成型于秦朝。郡县制是中央垂直管理地方，地方官员由皇帝直接任免的流官任期制，使地方处在中央的管辖之下，有利于中央集权的加强和国家统一。标志着官僚政治取代血缘政治，是中国由贵族制度走向专制制度的标志。

隋开皇三年（583），改郡为州，州县制取代了郡县制。

秦国的秦孝公嬴渠梁决心图强改革，便下令招贤。商鞅自魏国入秦，提出了废井田、重农桑、奖军功、实行统一度量和建立县制等一整套变法求新的发展策略，深得秦孝公的信任，被任命为左庶长。在公元前 356 年和公元前 350 年，秦国先后两次实行以"废井田、开阡陌，实行县制，奖励耕织和军功，实行连坐之法"为主

征服诸戎后，羌戎被迫向西向南迁徙，它们就是后来的河西、武都、越巂、广汉诸羌。在南方，属于越族的吴越国先后崛起，但又相继灭亡。由于越族支系繁多，有许多散居于今浙江、福建、江西及湖南南部的山野、滨海地区，其中部分成为汉魏以后的山越祖先。

战国时形成的华夏族的统一和“内华夏而外夷狄”格局的形成，体现了历史的必然。由于这一时期农业的发展，促进了手工业和商业的发展，当时出现了许多都市，如齐国临淄、赵国邯郸、楚国郢等。在此基础上，诸夏各国统治者为提高实力，纷纷举贤任能，掀起了大规模改革的浪潮，主要的是魏国李悝、楚国吴起变法，最突出的则是秦国商鞅变法，使秦一跃而成为强国。同时，经济发展、政治革新也掀起了文化发展高潮。在战国时“百家争鸣”的局面中，华夏族的思想文化、科

图 3-4　辽宁朝阳战国燕长城（吴建平摄影）

学技术成果丰硕，成为古代史上不可多得的黄金时期。这样，华夏族的同一性就得到空前加强，从而成为最先进的民族，也成为民族统一的核心力量所在。

正是在这种客观的历史条件下，人们的民族意识也得到了前所未有的强化。首先民族统一意识不断强化，如孟子提出了“定于一”，荀子提出了“天下为一，诸侯为臣”的主张。在战国诸文献中，渗透着强烈的认同意识，他们都把自己视为“炎黄子孙”，是上自炎黄、下自禹、契、稷，排列成长幼有序、次第分明的世系。秦、楚和远在东南的越则都以颛顼和夏禹为先祖。荀子还提出要用礼来凝聚士，用政令来凝聚民众，加强华夏族的统一。

要内容的变法，史称商鞅变法。经过商鞅变法，秦国的经济得到发展，军队战斗力不断加强，发展成为战国后期最富强的集权国家。

《尚书·禹贡》划分“天下”为“九州”，又根据各州民族远近和民族特点划分为“五服”，从而确定了根据民族特点来进行管辖的政治理想。

但是，由于经济、风俗习惯等不同，民族的差别也是显而易见的。《礼记》说：“中国戎夷，五方之民，皆有性也，不可推移。东方曰夷，被发文身，有火食者矣；南方曰蛮，雕题交趾，有不火食者矣；西方曰戎，被发衣皮，有不粒食者矣；北方曰狄，衣羽毛穴居，有不粒食者矣。中国、蛮、夷、戎、狄皆有安居、和味、宜服、利用、备器，五方之民，言语不通，嗜欲不同。”[①] 不同民族均有各自的民族观。孔子作《春秋》提出：诸侯用夷礼则夷之，进于中国则中国之。

这一时期民族观的不断进步，应运了民族融合的历史大趋势，而长城在战国七雄冷兵器时代的不断征战中也发挥了越来越大的作用，楚国的“方城、列城”、齐国的“长城”逐步被完善和利用。长城的不断完善和发展为日后秦国统一多民族国家奠定了坚实的基础。

春秋战国时期，各种思想学术流派的成就，与同期古希腊文明交相辉映，形成以孔子、老子、墨子为代表的三大哲学体系和诸子百家争鸣的繁荣局面。“诸子百家”实有上千家，但流传较广、影响较大、较为著名的归纳而言只有12家发展成学派。至汉武帝时，推行“罢黜百家，独尊儒术”的政策，以孔子、孟子为代表的儒家思想成为统治阶级思想正统，统治中国思想、文化2000余年。

①〔元〕陈澔，注．礼记·王制．金晓东，校．上海：上海古籍出版社，2016.

三、长城在民族交融中形成系统

1. 长城见证了秦、汉中央集权国家的建立

秦始皇二十六年（前 221），是中国历史上具有深刻意义的一年。这一年秦始皇不仅完成统一大业，而且在政治、经济、文化等方面为巩固统一进行了一系列的变革。为了国家安全、防御匈奴南侵，秦始皇把秦、赵、燕原在北方修筑的拒胡长城进行了修缮和连接，形成了一条历史上西起临洮东至辽东的万里长城。这条长城一方面是拓疆固防的需要，另一方面也是为了缓解中原农业经济同北方游牧经济，以及相关少数民族经济利益之间的矛盾，确保以和平安全的环境实现自身经济的发展。

同时秦始皇颁布实施中央集权制，设置三公、九卿，形成比较完善的中枢机构，颁布统一的法律；在地方上全面推行郡县制，郡守和县令由中央直接任命；秦初全国设 36 郡，后来随着疆土的逐渐拓展，至秦末已经增加到 48 郡，其疆域东起辽东，西至陇西，北抵长城，南达南海。东南沿海和岭南地区的诸越族这时也进入了中华民族的大家庭。这些措施，有力地摧毁了各地区之间的藩篱，为各民族的融合奠定了政治上的基础。

在经济上，秦始皇确立了以农为本的国策，统一了货币和度量衡，修筑了四通八达的道路，实现了“车同轨”（图 3-5）。这些政策措施加深了各地区各民族之间的经济联系，形成了全国共同的经济生活。他还推行“使黔首自实田”，让地主和自耕农都有了自己的土地。货币、度量衡的统一和交通的发达、农业的发展，促进了商品流通及贸易发展。

在文化上，秦始皇实行“以吏为师”“焚书坑儒”相关举措，

“以吏为师，以法为教”是指百姓和一般官吏都向“法官、法吏”学习法律，加强普法教育。“以吏为师”中的“吏”专指“法官、法吏”。原文：《商君书·定分》“吏、民（预）知法令者，皆问法官。故天下之吏民，无不知法者”，“故圣人必为法令置官也置吏也，为天下师，所以定名分也”。

图 3–5　“车同轨”的历史遗迹——井陉和固关古驿道“六尺”车辙（董旭明摄影）

焚书坑儒，又称“焚诗书，坑术士”。面对王绾、淳于越主张恢复分封制的主张，李斯指出治国只能从自己的实际出发，不能照搬仿古，不加以禁止延续“分封”思想言行，国家统一必将遭到破坏。在公元前 213 年和公元前 212 年焚毁书籍，坑杀“犯禁者四百六十余人”。

秦始皇同意了李斯的建议，除了《秦纪》、医药、卜筮、农家经典等书籍以外，诸子和其他历史古籍，限期全部上缴，由官府销毁；对以古非今者实行灭族惩处，不准谈论《诗》《书》，否则处死，见知不举者同罪；有意愿自觉学习遵守法令者，必将以吏为师，即享受唯上唯命是从者的丰厚待遇。

以秦小篆为统一书体形成“书同文”（图 3–6）。统一的文字逐步成为各民族人民交流思想、积累文化、传播文化的载体和工具。文字的统一，对形成共同文化和共同文化基础、维系民族的稳定起到了重要的特殊作用。

总之，长城拓展确实为秦朝实现“共同语言、共同地域、共同经济生活、共同文化”发挥了极致的作用，但这种作用却没能束缚住人们的思想和手脚“筑得起城池，守不住人心，终究心散城失”。

汉高祖五年（前 202），刘邦在楚汉之争中获得胜利，建立了西汉。汉朝的统治者对内汲取了亡秦的教训，有利于自己发展的就“汉承秦制”，实行了郡县制和分封制并存的制度；对外则充分的利用秦长城加强边疆地区的军事防御。

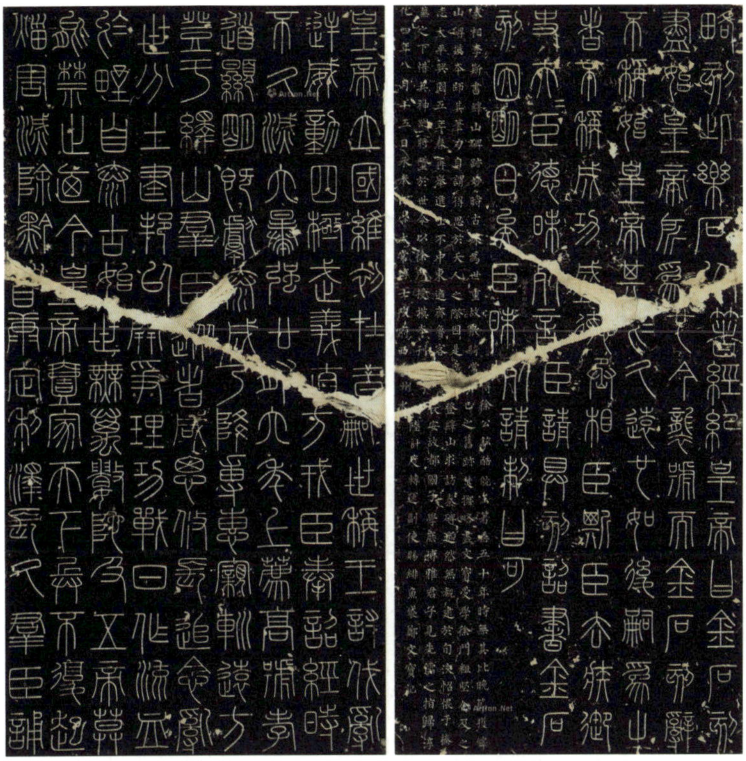

图 3–6　李斯峄山刻石是用“书同文”的标准字体——小篆书写的

在思想文化方面，刘邦则摒弃秦朝的“崇尚法术、焚书坑儒”，开始标榜黄老，儒道并用；实行休养生息，恢复和发展生产，医治战争的创伤。汉文帝、汉景帝时期继续实行劝课农桑、轻徭薄赋、减轻刑罚的政策，使汉朝社会经济出现了“文景之治”的盛况。

汉武帝即位后，在元光元年（前 134），下诏征求治国方略。董仲舒在著名的《举贤良对策》中，把儒家思想与当时的社会需要相结合，并吸收了其他学派的理论，创建了一个以儒学为核心的新的思想体系，系统地提出了“天人感应”“大一统”学说和“诸不在六艺之科、孔子之术者，皆绝其道，勿使并进”，“罢黜百家，独尊儒术”。这些主张深得汉武帝赞赏并被其采纳，使儒学成为中国社会正统思想，在其后影响长达2000多年。

大一统中的大，为重视、尊重；一统，指天下诸侯皆统系于周天子。后世因此称王朝统治全国为大一统。

“大一统”不同于“大统一”单纯就地域统一作为理念，更多的是指在国家政治上的整齐划一，经济制度和思想文化上的高度集中。该思想在中国古代历史上发挥了极其重要的作用，更从政治、军事、经济等方面形成地缘互补的巨大优势效应。

“罢黜百家，独尊儒术”，其中的儒术，是掺杂道家、法家、阴阳五行家的一些思想，体现了儒家思想的“兼容”与“发展”特性，是一种与时俱进的新思想，维护了王朝统治秩序，神化了专制王权，因而受到中国古代统治者与历代儒客推崇。

其学以儒家宗法“天人感应、三纲五常”思想为中心，杂以阴阳五行说，把神权、君权、父权、夫权贯穿在一起，形成帝制神学体系，从而形成一个儒学昌盛的时代，这种“凝聚力”为中华民族的融合注入了新的内涵。

这一系列有利于统一的措施加上“推恩令”的实施，最终解决了汉朝在“分封”中存在的问题，把全国划分为 13 个称为州部的监察区，定期巡察、纠劾不法，加强了中央对地方官吏和豪强的管理。

在经济方面把铸造货币的权力也收归于中央，统一发行五铢钱（图 3-7）；设立盐官、铁官，实行盐铁专卖政策；铁器农具的使用更加普遍，耕作技术也有显著进步，通过整修水利设施，兴建了著名的郑国渠（图 3-8）、白渠等使农业得到了全面的发展。

汉武帝以后，继任者们通过汉长城逐步加强对西域的控制。汉宣帝于地节二年（前 68），置护都善以西使者，护西域南道；又于神爵元年（前 60），设西域都护，节制西域诸邦，使西域正式进入西汉的版图。这样，西起河西走廊，东至辽东，南至海南岛，西南至云贵高原皆列地为郡县。

汉武帝时，主父偃提出实行推恩令，规定：诸侯王死后，除嫡长子继承王位外，其他子弟也可分割王国的一部分土地成为列侯，由郡守统辖。推恩令本质是在郡县制的基础上的改进。这项政令要求由以前的各诸侯所管辖的区域只由其长子继承，改为其长子、次子、三子共同继承。按照汉制，推恩令下形成的侯国隶属于郡，地位与县相当。根据这项政令，诸侯国被越分越小，汉武帝再趁机削弱诸侯国势力。

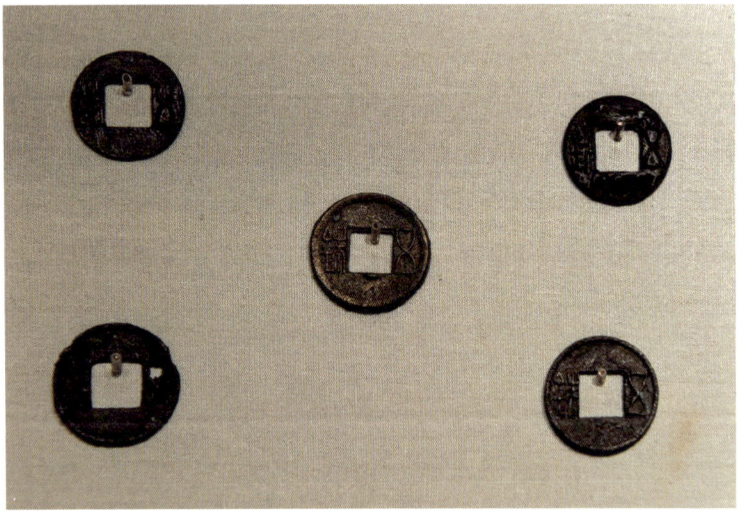

图 3-7　五铢钱

图 3–8　郑国渠

东汉以后，周边地区的屯垦仍在进行。所以，两汉的疆域大大超过了秦朝。汉代拓展疆域，扩大了华夏族的共同地域，同时先进的农业和手工业生产技术也随之传播到全国各地，扩大了共同经济生活的范围。

秦、汉虽然是不同朝代的两个统一的多民族国家，但汉承秦制。宏大壮观的汉长城是中国历史上修筑过长城的王朝中距离最长的长城。它东起辽东，经阴山、河西走廊向西至渠犁，也就是今天的新疆库尔勒地区以西。

汉长城除了起到军事防御作用以外，在延续和传承中华文明发展的历程中也起到了重要作用。不断地把北部和西部的草原文化逐渐地输入到内地；沿着丝绸之路将佛教、基督教等宗教文化从亚欧大陆的中西部传向东方；同时将中华农耕文化的文明经由汉长城地区向亚欧大陆的中部和西部输出。

汉朝是中国发展史上的第一个黄金时期，汉族在这一时期得名，汉族由于文明程度较高，在中国各兄弟民族中一直处于主导地位，这是历史发展和自然形成的结果。汉以后历代的朝代名称虽有变换，但汉族作为中国主体民族的地位始终未变。

2. 长城见证了中华民族的融合发展

秦始皇统一六国后修建了东起辽东，西至临洮的万里长城；汉高祖“汉承秦制”后，也通过长城的修建进一步扩大疆域，此时西北方向的匈奴、鲜卑、羯、氐、羌等少数民族自西汉以后已经逐渐内迁，走上了与汉族相融合的漫长道路。

关于民族的内迁和融合，《中华民族的形成》一书中这样表述：“内迁是其第一步，如果两个民族分居异地，老死不相往来，永远也不能实现融合；杂居是第二步，因为不打破民族之间的藩篱，即使互有往来，友好相处，也无民族融合之言。”①

乌桓也源于东胡。东胡部落联盟的一部分聚居于乌桓山，便以乌桓为号。汉武帝元狩四年（前 119），西汉骠骑将军霍去病在征服了匈奴左贤王后把乌桓置于自己的势力之下。汉朝廷为了加强对乌桓的管控，除了让他们内迁外，还设立护乌桓校尉一职。后来作为“藩臣”乌桓大人被朝廷封拜为侯王君长的就有 81 人之多，其职责是率部在塞内缘边诸郡“驻守拒敌”。

到了东汉末期，乌桓一分为二，不见了史载。入关的乌桓日渐融合于汉族，而塞外的乌桓则融合于鲜卑。

北方漠北地区的民族还有丁零、柔然。丁零分布范围极广，东至贝加尔湖，西至阿尔泰山，都有他们的踪迹。从 4 世纪起，他们被称为敕勒或高车。柔然则是由匈奴、乌桓、鲜卑等融合而成，4 世纪末在蒙古高原上崛起。丁零和柔然主要在漠北活动，但又时常南下掠夺，他们保持着更加完整的部落形态。

东北地区还有挹娄、夫余、勿吉、室韦、豆莫娄、乌洛侯、地豆于和库莫奚等民族，因距离中原远且与中原王朝往来少而鲜于史载。

西北地区的少数民族有氐、羌，这两族族史悠久。《诗经》云：“昔有成汤，自彼氐羌，莫敢不来享，莫敢不来王。”②

氐人分布在白龙江、西汉水流域，他们聚居的地区在西汉时已经设置了武都郡（今甘肃陇南成县西），氐族大多过着定居的农耕生活，很早就与汉族为邻，有 10 多个部落。到十六国前期，关中不少氐人被迁到并、冀、司诸州，而略阳的氐人又大量地迁往关中。略阳氐人苻氏世为部落酋帅，在大乱时酋帅苻洪自称护氐都尉、秦州刺史，后率众迁至关中，接受后赵的封爵，驻屯松头（今河南鹤壁浚县）。后赵衰亡，其子苻健占据

① 陈琳国，陈群．中华民族的形成．广州：广东人民出版社，2001.
② 高亨，注．诗经今注·商颂．上海：上海古籍出版社，2009.

长安，建立秦国，史称前秦。前秦在苻坚即位后盛极一时，统一了北方。他雄心勃勃，企图消灭东晋，进而统领大军南下，却在淝水大败而亡国。

氐人一部吕光因兵征讨西域而存，这便是史称后凉的前身。

羌人部落繁多，强大的部落有酋豪，弱小的部落则依附于强大的部落。羌族的大本营在河湟流域，一部分羌人早在秦汉时期就渐渐内迁。内迁的羌人被称为东羌，因倍受压迫，在东汉一朝羌族反抗东汉统治者大规模的起义就有 5 次之多。

在河西张掖郡境，有所谓卢水胡，部落酋长为沮渠氏。沮渠氏乃匈奴姓，沮渠氏担任过前秦护军之职，后沮渠蒙逊在张掖自称凉州牧，改称河西王，这一政权史称北凉。而拓跋鲜卑的另一支秃发[①]鲜卑迁徙到了河西，他们的后人在河西则建立了南凉。慕容鲜卑中又有吐谷浑一部进入西北，与羌人结合，形成吐谷浑族，建立了吐谷浑政权。

西北的民族还有西域诸族。西域自汉代以来就是我国重要的组成部分，主要有天山以南位于塔里木盆地绿洲上的一些小国。它们互不统属，多以农业为主，兼营畜牧业，西域与中原发生联系，始于汉武帝时张骞出使西域（图 3-9）。

汉武帝建元三年（前 138），张骞奉诏前往西北寻找大月氏，准备联合大月氏共同夹击匈奴。张骞此行虽未达到目的，却使汉朝加深了对西域的了解。元狩四年（前 119），他再次出使西域。从此中原到西域之路畅通，商业贸易络绎不绝；西域使臣往来长安，汉朝对西域的控制日益加强。汉朝一方面采用和亲的方式，出嫁宗室之女到西域；另一方面，又在西域开设屯田，并置有行政机构加以管理。例如，太初三年（前 102），汉武帝在轮台（今新疆轮台）、渠犁（今新疆尉犁）有田卒数百人，由使者校尉领护。汉宣帝神爵四年（前 58），西汉在

张骞出使西域，又称张骞通西域。建元三年（前 138），汉武帝招募使者出使大月氏欲联合其攻击匈奴，张骞应募任使者。张骞出使西域后，汉夷文化交往频繁，中原文明通过“丝绸之路”迅速向四周传播。因而，张骞出使西域具有特殊的历史意义，开辟了从中国通往西域的丝绸之路。

西域，汉以后对玉门关、阳关以西地区的总称。狭义专指葱岭以东地区，广义则凡通过狭义西域所能到达的地区，包括亚洲中、西部，印度半岛，欧洲东部和非洲北部在内。汉宣帝始置西域都护。唐在西域置安西、北庭二都护。自 19 世纪末以来，“西域”一名逐渐废弃不用。

① “秃发”是“拓跋”的同音异译。

图 3–9　敦煌壁画张骞出使西域图（莫高窟第 323 窟，初唐）

西域正式设立都护府，行使对天山南北诸国的统治，这标志着西域正式纳入西汉的版图。西汉末年，王莽篡政，民族关系遭到破坏，西域一度脱离朝廷的控制。东汉建立后，重新设立西域都护、戊己校尉，并派班超出使西域，恢复对西域的统治。两汉时期，天山南北与内地已经联为一体。至魏晋南北朝，西域与中原仍保持着一定的联系，只要中原形势稍稍稳定，使者、商人就往来不绝。西域丰富的物产，诸如葡萄、苜蓿、安石榴、胡桃等及其种植技术传入内地，而内地的丝织品、生活生产用品、农业生产技术、凿井技术也进入西域。同时，西域从此也成为中原与中亚、欧洲经济文化交流的主要通道。

蜀汉建国以后，南中地区的汉族大姓和少数民族酋豪联合叛乱，蜀相诸葛亮领兵征伐南中。采取“心战为上”的策略，制服叛乱势力，改善民族关系。

这一时期，原来被匈奴征服的各部落乘机倒戈，乌孙、西域诸国也都奋起反抗。此时，匈奴内部又发生“五单于争立”事件，在争立中呼韩邪单于称臣于汉，在汉朝的支持和帮助下，重新统一匈奴各部后，汉元帝还把宫女王嫱（字昭君）嫁给了他。“昭君出塞”（图 3-10）就是为了保持边境和平而采取的政治手段。王昭君嫁到匈奴后，把汉朝的相关文化和农作物种子带到了匈奴，并教会了当地人种植和利用，有效地促进了当地农业、经济的发展，为大汉和匈奴的和平作出了不可磨灭的贡献。

图 3-10　昭君和番

昭君出塞指王昭君远嫁匈奴的历史事件。公元前 54 年，匈奴呼韩邪单于被他哥哥郅支单于打败，南迁至长城外的光禄塞下，同西汉结好，曾三次进长安入朝向汉元帝请求和亲。王昭君因出塞远嫁至漠北的匈奴，为匈奴呼韩邪单于稽侯珊之阏氏（阏氏，意思是“王后”），为进一步发展和巩固汉与匈奴之间的友好关系作出了贡献。后来，呼韩邪单于在西汉的支持下控制了匈奴全境，从而使匈奴同汉朝和好达半个世纪。

东汉初，匈奴内部矛盾日益尖锐，分裂为南北两部。南部降附东汉，北部则迁徙到鄂尔浑以西而去。

南部单于降附后，大批的匈奴族人进入了汉朝的周边诸郡。他们虽然还保留各自的部落组织，但与当地汉族人朝夕相处，久而久之，双方之间在语言、生产方式、生活方式、文化和风俗习惯方面产生了潜移默化的影响。而在双向影响中，比较先进的一方总是居于主导地位，相对落后的一方必然要被同化。所以，匈奴族由游牧走向定居的农耕生活就是这样开始的。

东汉之后，中国历史步入魏晋南北朝时期。魏晋南北朝近400年的历史，除西晋实现短期统一外，大都处于分裂割据状态。这是一个动荡的时代，战争频仍，政权迭变，但各民族相互渗透、融合，在经济、政治、文化诸方面引起一系列深刻的变化，汉族在民族融合中继续发展。

魏、吴、蜀三国鼎立时，魏国能够有效地控制内迁的各族，保持社会的稳定；吴国为稳定内部，出兵征服山越，以壮者补充军队，弱者编入民户；蜀国平定南中叛乱的西南夷人，民族关系有所改善，客观上都加快了少数民族地区的开发。

西晋统一全国后，贵族官僚们沉醉于和平景象，迷恋于奢靡生活。统治阶级上层争夺最高权力的斗争不断激化，演变成“八王之乱”。

其后，南北形成了270余年的分裂和对峙的局面：北方似走马灯一般地由各少数民族建立的十六国，南方是南北门阀士族共同扶植司马睿所建立的东晋。

魏晋之际，内迁后的匈奴族分布在今河套和陕西、山西北部，并渐渐地南下到汾水流域，原来依附于匈奴的羯族也随之俱来，氐、羌入居甘肃、陕西等地。而鲜卑族则布满东起辽东、西迄青海的塞外。晋人江统说：“西北诸郡，皆为戎居”，“关中之人，百余万口，率其少多，戎狄居半。”[①] 他们有的

八王之乱历时16年，其核心人物有汝南王司马亮、楚王司马玮、赵王司马伦、齐王司马冏、长沙王司马乂、成都王司马颖、河间王司马颙、东海王司马越八王。八王之乱是中国历史上最为严重的皇族内乱之一，当时社会经济遭到严重的破坏，导致了西晋亡国，以及近300年的动乱，使之后的中原北方进入十六国时期。

①〔唐〕房玄龄，等，撰．晋书·江统传．北京：中华书局，1966.

不可避免地成为国家编户和大族地主佃客，甚至奴隶，也有不少擅长骑射、身体强健者被编制为军队。但是，他们大多数在入塞后仍然“保持着氏族部落状态，被氏族部落的纽带紧紧地维系着”。

鲜卑拓跋部在“五胡”中进入中原最晚，这个民族源于东胡，当初东胡被匈奴冒顿单于击溃后，分成两部分。退到乌桓山的形成了乌桓族，走到鲜卑山的形成了鲜卑族。在北方游牧区域，鲜卑族的风俗习惯与乌桓族、匈奴族比较相近。

至拓跋什翼犍继代王位后，因其在后赵襄国作过 10 年人质，接受了大量汉文化，继位后随即改革代国之陋习，设置百官，分掌众职，并委任汉人燕凤、许谦等为官。制定了融入汉文化的一些法律和政策，遂以盛乐（今内蒙古和林格尔西北）为都城。后代国被前秦所灭，淝水之战后，什翼犍之孙拓跋珪在鲜卑诸部的拥戴下乘机复国，在东晋太元十年（385），改国号为“魏”，史称“北魏”。

从拓跋建国起，北魏历代皇帝在实行汉化方面都多有贡献。拓跋氏善于吸收中原农耕民族的文化，受汉文化的影响较深。同时，佛教也在这一时期得到空前发展；而孝文帝及其祖母太皇太后冯氏更是不遗余力地推动。冯氏临朝称制时，进行了多方面的改革，实行均田制和三长制。

北魏孝文帝（图 3-11）则大刀阔斧地推行汉化。首先他废除胡汉杂糅的旧官制，采用汉魏以来形成的以三省为核心的新官制；建立规范的门阀制度，把鲜卑贵族纳入门阀士族的等第；制定新法律和官吏考课制度，恢复因战乱而废弛的汉族法制。其次他命令鲜卑人换着汉人衣冠，朝廷上禁止用鲜卑语，改鲜卑姓为音近、义近的汉姓；规定迁到洛阳的鲜卑人以洛阳为籍贯，死后不得归葬代北，主张鲜卑贵族和汉人士族通婚。孝文帝还是一位精通儒学的皇帝，他在提倡儒学和兴办学校方面也有杰出的成就。

均田制是由北魏至唐朝前期实行的一种按人口分配土地的制度，部分土地在耕作一定年限后归其所有，部分土地在其死后还给官府。

均田制的实施，肯定了土地的所有权和占有权，减少了田产纠纷，有利于无主荒田的开垦，因而对农业生产的恢复和发展起了积极作用。同时，西魏权臣宇文泰在均田制的基础上创立了府兵制。这一制度一直沿用至唐玄宗开元天宝年间起用募兵制，停用兵府鱼符，而名存实亡。

图 3-11　北魏孝文帝

北魏孝文帝接受汉族地主李冲的建议，于太和十年(486)废除宗主督护制，创立三长制，以抑制豪强隐匿户口，逃避租调徭役，而直接控制基层政权组织。三长制即五家立一邻长，五邻立一里长，五里立一党长。其职责是检查户口，监督耕作，征收租调，征发徭役和兵役。三长享有一定的优待，得免除一人到三人的官役。此制度有利于加强中央对地方的统治，增加了国家的赋税收入，同时也打击了世家大族地主的利益。

北魏太和十七年(493)，孝文帝迁都洛阳又大举改革旧制、移风易俗，促进了北魏的中央集权制度与民族融合。

北魏后又分裂为东魏、北齐和西魏、北周；而南方则进入南朝，出现宋、齐、梁、陈的更替。

十六国时期是少数民族从内迁走向与汉族错居杂处的一个转折点。其一，十六国统治者不断扩大武装力量，他们不但征调本民族人当兵，也征调其他民族人当兵，这使得军队的民族成分越来越复杂了。其二，十六国统治者还展开了剧烈的人口争夺，既是争夺劳动力，又是争夺武装力量。每一次打仗，胜者就要掳掠大量的人户，且不拘何种民族迁回自己的统治区。每次迁徙的人口，少则成百上千，多则几万、十几万。其三，当一个新的民族政权取代一个旧的民族政权时，原来居于统治地位的民族成员就会颠沛流离、四散逃亡。这就使得背井离乡，流浪他方的民族寄于他族屋檐之下。其四，统治民族为了巩固扩大成果，有意识地把本族人派往各地充当首领，旨在加强对其他族人民的管控。

这时，北方民族建立的政权已经不单纯是本民族的特色政权了。首先，是由于这些民族贵族的汉化程度高，许多贵族子弟自幼接受汉族传统文化的教育，通过游内地，从名师，习儒学，一些人竟能博通经史、诸子，擅长作文、书法；其次，只有与汉族的世家大族合作，才能巩固自己的统治，故在建立政权时或建立政权后，都广泛地罗致汉族士人，甚至委以重任。所以，十六国的大多数政权都带有联合政权的色彩。

在民族融合的过程中，北方民族政权发挥了极其巨大的作用。一方面，它是北方民族贵族与汉族大族豪强进一步结合的基础；另一方面，它也是推进北方民族汉化的直接力量。其中，前秦和北魏在运用政权的强制力量推进汉化方面表现特别突出。

前秦苻坚（图 3–12）以继承汉族传统文化为己任，把“庶几周孔微言不由朕而坠”[①]当作自己的奋斗目标，企图在思想意识上进行汉化并融合各族。于是，他广兴学校，奖励读书，令公卿以下子孙入学，还亲临太学主持考试。他劝课农桑，兴修水利，提倡先进农业技术，使关陇经济得到恢复和发展。他还对各族采取比较宽和的政策，引用汉、鲜卑、羌族人士参与政权。虽然当时的民族矛盾还比较严重，民族融合的时机尚未成熟，但他关于汉化和民族融合的远见卓识是难能可贵的，他为此而做出的种种努力在魏晋南北朝的民族融合中起了重大的作用。从十六国、东晋到南北朝时期，民族融合迈开了大步。在这一期间，包括汉族在内的各民族人民付出了沉重的代价，但这个代价终于换来了民族的大融合，换来了历史的进步，换来了国家和民族的更大的发展。

图 3–12　苻坚

隋开皇九年（589），隋文帝杨坚灭陈，结束了东晋、十六国以来长期南北分裂的局面，统一的多民族国家的发展进入了一个新的历史时期。隋唐时期是我国古代社会的一个高峰，政治、经济、文化各方面硕果累累，这既是魏晋南北朝以来民族融合的伟大成果，也与隋唐统治者所实行的比较开明的民族政策分不开。

隋唐统治者都或多或少地带有胡族血统，而隋唐社会则深受胡风浸染，这也是魏

①〔唐〕房玄龄，等，撰．晋书·苻坚载记．北京：中华书局，1966.

晋南北朝民族大融合的成果之一。隋唐皇朝的创立者，原来都是西魏、北周的高级官僚。隋文帝的父亲杨忠是西魏府兵的十二大将军之一、北周柱国大将军，被封为隋国公。杨坚本人后来以外戚的身份高居北周大丞相之位。唐高祖李渊的祖父李虎是西魏“八柱国”之一，死后追封唐国公，其父亦为北周柱国大将军，他本人7岁就袭国公之爵。他们在政治上与鲜卑贵族利害一致，又通过联姻结为一体，形成错综复杂的关系。隋文帝皇后是西魏八柱国之一的独孤信的七女儿，而李渊的母亲则是独孤信的四女儿。唐太宗的母亲窦氏、皇后长孙氏也都出自鲜卑贵族。当时不仅隋唐皇室如此，统治集团中的其他主要人物也大致如此。这说明隋唐统治者本身就是由汉族和鲜卑贵族混血而成的。他们的这种出身与他们在胡风浸染的社会中所受的熏陶深刻地影响了他们的民族观。

在维护国家统一、民族和睦这一点上，唐太宗李世民是当时乃至整个古代社会头脑最清醒和最富有远见的政治家代表。他说：“夷狄亦人耳，其情与中夏不殊。人主患德泽不加，不必猜忌异类，盖德泽洽，四夷可使为一家；猜忌多，则骨肉不免为仇敌。”[①] 后来，唐太宗把自己成功的经验总结为5条，其中有一条说：“自古皆贵中华，贱夷狄，朕独爱之如一，故其种落皆依朕为父母。”[②] 这就是唐太宗的民族观。在这种不论中华、夷狄爱之如一的民族观的指导下，他制定出比较开明的民族政策，较好地处理了当时的民族关系。

隋唐之际，北方的突厥势力强盛，屡屡进犯边境。突厥渊源于铁勒（唐以前称敕勒），最初受柔然控制。柔然衰落后，突厥逐渐强大起来。至阿史那土门担任突厥首领时，突厥灭柔然而成为漠北的新主人。阿史那土门自称伊利可汗，建立了突厥汗国。隋初，突厥分裂为东、西两部。唐太宗（图3-13）即位后，贯彻“中国既安，四夷自服”的方针。当东突厥颉利可汗进攻到渭河便桥，严重威胁长安时，唐太宗亲自与颉利可汗缔结了“便桥之盟”，颉利可汗方才退兵。之后，唐太宗不轻启战端，集中力量安定国内，恢复和发展生产。贞观二年（628），草原上大雪成灾，平地数尺，冻死了很多牲畜，突厥部落发生饥荒。一直遭受东突厥奴役的铁勒诸部纷纷叛走，更严重削弱了东突厥的势力。这时，唐朝廷内群臣请求发兵进击东突厥。唐太宗坚决不同意，说：“新与人盟而背之，不信；利人之灾，不仁；乘人之危以取胜，不武。纵使其种落尽叛，

①〔宋〕司马光．资治通鉴：卷197唐太宗贞观十八年．北京：中华书局，2011.
②〔后晋〕刘昫，撰．旧唐书·魏征传．北京：中华书局，1975.

图 3-13　唐太宗真像（清姚文翰）

六畜无余，朕终不击，必待有罪，然后讨之。”① 不久，东突厥内部发生尖锐冲突。颉利可汗兄子突利可汗率部投降唐朝，而契丹和铁勒诸部也相率来附。次年，因颉利可汗一方面请求与唐朝和亲，另一方面却私自援助割据称雄的梁师都，唐太宗乃命兵部尚书李靖、徐世勣率大军出击东突厥，终于虏获颉利可汗及其部众 10 余万人，灭东突厥。

战争结束后，唐太宗召集御前会议，讨论如何安置这批突厥人的问题。群臣各抒己见，有人主张分散突厥部落，迁往河南兖、豫二州，与汉人杂处，教其耕织，变其风俗；有人主张遣保边塞，分给土地，析其部落，使权弱势分易于控制。中书令温彦博建议把他们安置在河南朔方一带，“全其部落，得为捍蔽，又不离其土俗，因而抚之。一则实空虚之地，二则示

可汗又称为大汗、合罕、汗王，简称汗，是 4 世纪以后蒙古高原游牧民族高级政治体首领的称谓，最早出现于 3 世纪鲜卑部落。最初这个称呼最早被用于称呼鲜卑部落的酋长，也作“可寒”。可汗作为一国之主的称号最早始于 402 年柔然首领社崘统一漠北的自称，类似于汉语的国王。古代阿尔泰语系民族柔然、突厥、回鹘、吐谷浑、黠戛斯、蒙古、满洲等族群对首领皆称可汗。蒙古帝国灭亡后，受其影响，中亚的帖木儿帝国、哈萨克汗国、布哈拉汗国等国和东欧的克里米亚汗国、喀山汗国等突厥化伊斯兰国家君主也开始称可汗。

① 〔宋〕司马光．资治通鉴：卷 192 唐太宗贞观二年．北京：中华书局，2011.

无猜之心，是含育之道也”[①]。唐太宗采纳了这一建议。于是，10多万突厥人按照他们原来的部落组织迁入塞内。随即，唐太宗在东自幽州、西至灵州的突利所居地设置顺、祐、化、长四州都督府；分颉利所居地为6州，左置定襄都督府，右置云中都督府。这些府州的都督、刺史由他们本族的首领担任，可以世袭。唐太宗告诫突利说：“今命尔为都督，尔宜善守中国法，勿相侵掠，非徒欲中国久安，亦使尔宗族永全也。”[②]

唐太宗在突厥故地设立都督府、州，任命突厥酋豪为都督、刺史，这就是所谓羁縻府州制度。这种制度后来又推广到其他民族地区，成为有唐一代一项重要的民族政策，这是唐太宗对前代处理民族关系经验的继承和发展。西汉宣帝时，太傅萧望之说：“外夷稽首称藩，中国让而不臣，此即羁縻之义。”[③]所谓称藩而不臣，就是说匈奴单于虽自称藩国，但朝廷不以臣子之礼对待他。当时，汉朝廷在匈奴地区不派官吏，不设郡县，不干预匈奴内部事务，匈奴入贡就待之以礼，不入贡也不追究。这是一种松散型的羁縻关系。至于汉武帝在西南、西北少数民族地区设立郡县，在西域设立都护府，则已非羁縻之义了。唐人的观念发生了显著的变化。唐太宗在民族地区设立府州县，而又赋予某些羁縻的特点，认为是把汉人对立的制度巧妙地结合起来，较好地处理了唐王朝与北方民族的关系。后来，唐太宗在铁勒及其他民族居住的西北、东北等地区也设置羁縻府州，使“前王不辟之土，悉请衣冠；前史不载之乡，并为郡县”[④]。

唐太宗以后，唐朝更在周边广泛设置羁縻府州，在突厥、回纥、党项、吐谷浑、契丹、西域和南方羌、蛮地区等共设有

所谓羁縻制度是历代王朝在多民族国家里对社会发展不平衡的少数民族地区所采取的一种民族政策。指古代朝廷在边远少数民族地区所置之州，以特殊情况对待，因其俗以为治，有别于一般州县，相当于自治区。对羁縻府州，《史记·司马相如传·索隐》解释说：“羁，马络头也；縻，牛蚓也。”《汉官仪》云：“马云羁、牛云縻，言制四夷如牛马之受羁縻也。”

①〔唐〕吴兢，编著．贞观政要：卷9议安边第三十六．上海：上海古籍出版社，1984.
②〔宋〕司马光．资治通鉴：卷193唐太宗贞观四年．北京：中华书局，2011.
③〔汉〕班固，撰，〔唐〕颜师古，注．汉书·萧望之传．北京：中华书局，1962.
④〔宋〕宋敏求，编．唐大诏令集：卷11太宗遗诏．北京：中华书局，2008.

856 个羁縻府州。

为了管辖和监察羁縻府州，朝廷还先后设立了安西、北庭、单于、安南等都护府。不设都护府的地区，由边州都督府统领。羁縻府州的都督、刺史，皆得世袭；朝廷不向羁縻府州征收赋税，羁縻府州部民也不编入国家户籍，一般事务可以自治，但必须维护中央的权威。唐朝的羁縻府州制度创造了一种比较平等的民族关系，有利于多民族统一国家的巩固，有利于民族团结和民族之间经济、文化的交流，是唐王朝社会稳定、经济繁荣的重要保证。唐代前期之所以出现贞观之治和开元之治，与此大有关系。

唐贞观二十一年（647），西北各民族修筑了一条通向长安城的道路，道路上设置 68 个驿站，为往来的使者提供马匹和饮食。“是时，四夷大小君长争遣使入献见，道路不绝，每元正朝贺，常数百千人”[①]。这条道路名为“参天可汗道”——即参见天可汗唐太宗的大道。唐太宗被各民族的君长拥为天可汗，并修建参天可汗道，十分生动地反映出唐朝贞观年间四海一家的兴旺景象。这是唐太宗抛弃“非我族类，其心必异”的狭隘民族意识，采取比较开明的民族政策所取得的辉煌成就。

当时，北方衷心拥戴唐太宗的还有回纥、薛延陀、黠戛斯等族。回纥是铁勒诸部之一，最初受突厥控制。唐太宗灭东突厥后，回纥势力迅速发展起来。终唐朝一代，回纥与唐保持着友好的关系。回纥酋长吐迷度曾因配合唐军击灭薛延陀之功而被任以怀化大将军、瀚海都督府都督。在回纥本部，吐迷度则自称可汗。

后来，回纥一度遭到后突厥的奴役。至 8 世纪中叶，回纥联合其他部落消灭突厥后，被唐册封为怀仁可汗。回纥游牧地域非常广阔，“尽得匈奴故地”。唐朝发生安史之乱时，回纥主动请缨，愿共赴国难。回纥军英勇善战，所向披靡，在袭击安史老巢范阳和收复两京的战役中屡屡取胜。葛勒可汗因此受唐册封为英武威远毗伽可汗，唐肃宗还将幼女宁国公主嫁他为妻。唐朝先后有 4 位公主远嫁回纥，而回纥 13 位可汗有 12 位由唐朝册封。唐与回纥之间的贸易十分频繁。回纥属突厥语族，采用粟特字母创制了自己的文字，即古回纥文。他们最初信奉萨满教，后来改信摩尼教。在与唐朝长期的友好关系中，回纥深受汉文化的影响，经济发展速度较快，在西域、河西一带定居下来，并开始从事农业生产。唐德宗贞元五年（789），回纥可汗以“回旋轻捷如鹘”之义，改族称为回鹘。9 世纪中叶，回鹘因统治集团内乱，便衰落了。唐文宗开成五年（840），回鹘被黠戛斯所灭。其部落分三支，逐渐与西域和河西的居民融为一体。回鹘继突厥

①〔宋〕司马光．资治通鉴：卷 198 唐太宗贞观二十二年．北京：中华书局，2011.

之后统治大草原近百年，与唐保持友好往来，他们虽自古为游牧民族，却产生了不少商人，来往于内地和边疆，成为北方游牧经济发育出来的一大奇观。

薛延陀出自敕勒，与回纥一起在反对东突厥的斗争中成长起来。但因其部落联盟很不巩固，贞观二十年（646）被唐朝所灭，一部分薛延陀人归附于唐，而大部分仍留在漠北。黠戛斯原是叶尼塞河上游的游牧部落，其中有一部分迁到山西部。黠戛斯初为薛延陀的附庸，后逐渐发展起来，击灭回鹘。在10至12世纪，黠戛斯人大批迁到天山地区与当地居民融合。

隋唐时期，东北地区与中原的关系也日益密切了。这时期东北地区的主要少数民族有靺鞨、奚、契丹等。

靺鞨是原来勿吉的异译，分布在黑水（今黑龙江）和粟末水（今松花江）流域。靺鞨人分为数十个部落，其中伯咄、安东骨、拂涅、号室、白山、黑水、粟末等七部较大，而又以粟末部最为强大。粟末部居地最南，与高丽相接，西邻契丹。

唐初，靺鞨部或依附于高丽。唐征服东突厥和高丽后，靺鞨诸部被安置在营州（今辽宁朝阳）都督府治内。后来，靺鞨粟末部回到粟末水一带，粟末部酋长大祚荣自立为震国王。唐开元元年（713），唐朝封大祚荣为渤海郡王，又以其地为忽汗州，加授大祚荣为忽汗都督。从此，渤海成为唐朝的一个羁縻府州。

渤海（图3-14）与唐朝联系密切，积极吸取先进的汉文化，采取唐制建立中央和地方行政制度。其境内设五京、十五府、六十二州，国都在上京龙泉府（今黑龙江宁安渤海）。渤海年年派遣使者朝贡，又经常派王子、留学生到长安学习。唐代著名诗人温庭筠送渤海王子归国，曾赋诗相赠云："疆里虽重海，车书本一家。盛勋归旧国，佳句在中华。"诗人赞颂唐与渤海远隔重海而亲如一家的友好关系，也反映了渤海王子已经精通汉文化，有很高的文学造诣。中唐以后，渤海北抵松花江下游，南与新罗接壤，东至大海，西以今辽宁开原和东为界，疆土辽

唐天祐四年（907），耶律阿保机（后称辽太祖）于唐朝末年趁中原之乱统一各部进而称帝，916年建国号契丹。辽太祖多用汉人，重视汉文化，并创文字，立制度，筑皇都，国土直至天山。辽是中国古代契丹族建立的朝代，亦称黑契丹、哈剌契丹。由辽代贵族耶律大石在金朝灭辽后，于西北召集残部建立。后来扩张到中亚，都城为虎斯斡鲁朵，一时成为中亚强国。1218年被成吉思汗的蒙古帝国灭亡。

图 3-14　渤海长城（董旭明摄影）

阔，人口 300 万，胜兵者数十万，誉为“海东盛国”。至辽太祖天显元年（926），渤海国被契丹所吞并。

南方地区的少数民族有吐蕃和南诏。吐蕃人是青藏高原古老居民，他们散居各处，有些种植青稞、小麦等农作物，过着农业定居生活；有些则以游牧为主，放牧牦牛、马、羊等。隋唐之际，吐蕃赞普松赞干布统一了各部落，并将统治中心迁到了逻些（今西藏拉萨）。他模仿唐制，建立和健全统治机构。全境分为 4 个“如”（部），每如下辖七八个千户所，形成了集权于中央的统一的武装力量。吐蕃人还创制了有 30 个字母的拼音文字，对吐蕃经济、文化的发展起了很大的作用。贞观年间，吐蕃与唐朝建立了密切而友好的关系。松赞干布多次遣使入唐求婚，唐太宗终于把文成公主嫁给松赞干布（图 3-15）。

唐、蕃和亲是历史上和亲的一个典范。和亲政策古已有之，西汉高祖刘邦嫁公主予冒顿单于，首开和亲先例。此后和亲作为协调民族关系的一个重要手段，在西魏、北周、

图 3-15　布达拉宫文成公主进藏壁画

隋被多次运用。它对于缓和民族关系，增进民族友好起了积极的作用。比较起来，唐太宗在实行和亲方面则达到了前所未有的成功。他说："朕为苍生父母，苟可利之，岂惜一女！"[①]他曾经把衡阳长公主嫁到西突厥，把弘化公主嫁到吐谷浑。唐贞观十三年（639），唐太宗嫁文成公主时，派礼部尚书、江夏王李道宗护送入藏。松赞干布大喜过望，亲自到柏海（今青海鄂陵湖）迎接，并且在逻些为公主修筑了华丽的宫室。文成公主自幼受到良好的教育，她的陪嫁除金玉绸帛外，还有精美的手工艺品、药品、科技书籍和谷物、蔓菁种子等。随文成公主进藏的还有各类工匠。高宗时，松赞干布和文成公主又要求送去蚕种和增派造酒、碾、硙、纸、墨的工匠。唐代诗人陈陶《陇西行》云："自从贵主和亲后，一半胡风似汉家。"这是对唐太宗和亲政策的热情赞颂。文成公主死后，藏族人民一直崇敬她、怀念她。

此后，唐蕃经济、文化的交流日益增多，吐蕃贵族子弟到长安学习，一些有文化修养的唐人被聘请到吐蕃掌管文书，中原先进的生产技术也陆续传入吐蕃，从而促进了吐蕃社会经济的发展。松赞干布死后，吐蕃与唐处于时战时和的状态，其间曾经多次会盟。

唐穆宗初年，就分别在长安、逻些会盟，铭刻着"舅甥二主商议，社稷如一，结立大和盟约，永不渝替"的长庆会盟碑，至今仍树立于拉萨大昭寺的门口。这是唐、蕃"和同为一家"的历史见证。

云贵地区的少数民族，即秦汉时的西南夷，隋唐以后泛称为蛮。当时，洱海一带分布的许多乌蛮部落逐渐形成了"六诏"。

"诏"，即王的意思。六诏之一有蒙舍诏，因位置最南，被称为南诏。南诏与唐保持着密切的联系，在吐蕃南下争夺西

和亲也叫作"和戎""和番"，是指中原王朝统治者与外族或者外国出于各种目的而达成的一种政治联姻。

会盟是古代诸侯间会面和结盟的仪式。春秋时代，一些较小的诸侯国为了抵御大国侵略，联合作战，一些较大的国家利用自己的实力和影响，胁迫其他小国加入自己的阵线，都称会盟。

①〔后晋〕刘昫，撰．旧唐书·薛延陀传．北京：中华书局，1975.

洱海地区时，唐朝支持了南诏酋长皮逻阁兼并其他五个诏。唐开元二十六年（738），唐玄宗封皮逻阁为云南王。接着，南诏进而兼并爨地，因而与唐朝发生冲突，背弃唐朝臣属于吐蕃。因不能忍受吐蕃的统治，又与唐朝恢复通好。南诏政权后来落入郑氏、段氏之手，段氏改国名为大理。南诏与大理两个政权的建立，对于统一云南各族，加强与汉族的联系发挥了重要作用，有力地推动了西南各民族地区的开发和社会经济的发展，促进了这一地区民族间的交流与融合。

早在唐贞观七年（633），有一次唐太宗陪同已经禅位的父亲太上皇李渊欢宴三品以上的官吏，许多归附唐朝的民族首领也应邀参加。宴会上气氛亲切，其乐融融，突厥颉利可汗起舞，南蛮酋长冯戴咏诗。李渊高兴地说："胡、越一家，自古未有也。"[①] 唐朝长安城有 100 余万人口，除汉族外，还居住着来自各地的民族，如突厥、回鹘、契丹、奚、靺鞨和西域各族人，他们和睦相处，十分融洽，是唐朝民族友好的一个缩影。

由于唐皇朝基本上能够遵循唐太宗制定的民族政策，所以唐代的民族关系比较缓和，这是盛唐之所以为盛唐的一个重要因素。唐代的疆域空前辽阔，"东极于海，西至焉耆，南尽林邑，北抵大漠，皆为州县，凡东西九千五百一十里，南北一万九百一十八里"[②]。

在我国历史上，汉、唐并称盛世，而汉武帝和唐太宗亦并称为英主。不过，在处理民族问题和民族关系方面，唐太宗的确胜过汉武帝一筹。贞观二十二年（648），唐太宗目睹四夷君长争相入朝，高兴地对大臣们说："汉武帝穷兵三十余年，疲敝中国，所获无几，岂如今日绥之以德，使穷发之地尽为编户乎！"[③]

"六诏"，唐初分布在洱海地区的众多少数民族部落经过相互兼并，最后形成蒙嶲诏、越析诏、浪穹诏、邆赕诏、施浪诏、蒙舍诏六个大的部落，称为"六诏"。其中，蒙嶲诏在今巍山北及漾濞，越析诏在今宾川，浪穹诏在今洱源，邆赕诏在今洱源邓川，施浪诏在今洱源青索，蒙舍诏在今巍山。

①〔宋〕司马光．资治通鉴：卷 194 唐太宗贞观七年．北京：中华书局，2011.

②〔宋〕司马光．资治通鉴：卷 195 唐太宗贞观十四年．北京：中华书局，2011.

③〔宋〕司马光．资治通鉴：卷 198 唐太宗贞观二十二年．北京：中华书局，2011.

四、长城见证了中华民族走向一统

10世纪末以后，以北宋建立为标志，中华民族发展进入一个新的历史时期，民族发展的特点是民族融合与统一的步伐进一步加快。在这里民族统一与融合包括两层含义：一是各少数民族本身在内部实现众多民族部落的统一，往往建立起民族政权。由于受汉族先进的经济、文化影响，其民族发展极为迅速。二是指元明清三个空前规模大帝国的出现，将境内各民族联为一体，这就是中华民族的大统一。

东北地区自宋以来，在历史的舞台上地位日渐醒目。继靺鞨以后，先后兴起了奚、契丹、女真、蒙古等民族，而契丹、女真建国和蒙古族的兴起，掀起民族融合的新浪潮。

辽太祖天显元年（926），契丹消灭靺鞨所建的渤海国，成为东北地区新主人。契丹种源出于鲜卑宇文部。“契丹有一个传说，认为始祖发迹在木叶山；还有一个迷信观念，认为死后灵魂要回到黑山去。木叶山和黑山都在鲜卑故地，这可以帮助说明契丹确实源出于鲜卑，并非匈奴遗种。”[1] 契丹最初分布在辽水流域以北，人畜兴旺，分为悉万丹、何大何、伏弗郁、羽陵、日连、匹絜、黎、吐六于八部，各部又分若干牧民聚落，各部互相攻击，不能相一。唐初，契丹八部才组成部落联盟，称为大贺氏联盟。当时的联盟酋长权力还不大，平时各部落自主从事畜牧渔猎，遇军事行动则由部落大人会议共同决议。唐朝建立羁縻府州时，在契丹驻牧地设置松漠都督府，任命联盟酋长密哥为都督，赐姓李；又在八部设置九州，任命各部大人为刺史。契丹与突厥和唐朝进行了长期的战争，部落几次离散，又几次重建。虽然八部名称改变了，但仍保持着八部的规模。唐开元年间，契丹民族贵族发生了冲突，遥辇氏取代大贺氏担任联盟酋长。从酋长阻午起采用“可汗”的称号，实行世袭。可汗之下设军事首长，不仅统领军马，而且握有实际权柄，称“夷离堇”。

在唐的支持下，契丹摆脱了回鹘的统治，生产力迅速发展，开始走向原始社会解体阶段。

① 张正明．契丹史略．北京：中华书局，1979.

在南方地区，也有一些居于农业区的少数民族，但生产水平一般都很低，常处于衣食不足的状态。

在思想文化方面，汉族文化的发展经历了由先秦以来的多元化，向汉以后以儒家文化为主流的变迁。儒家文化是中原农业文化的核心内容，哲学、文学、史学、艺术等各方面文化的实质无不体现于此。儒家为春秋时孔子所创学术流派，经董仲舒等汉儒改造后，提出“罢黜百家，独尊儒术”，正式成为官方哲学意识形态。以后，历代儒主不断丰富发展，但其精神实质始终没有改变，即强调“大一统”的观念，主张中央集权，实行对全国的有效管理。而少数民族由于从事的畜牧业易受自然灾害影响，物质积累比较困难，所以文化也就相对落后。但文字的不足又往往通过口碑等方式予以弥补，天马行空的游牧生活使许多少数民族都留下了恢宏的史诗作品。

作为一个民族还有一个最重要的特征，就是民族意识。以农业为特征的华夏汉族由于文明发源较早，在物质、文化等方面具有一定超越性，因而往往有很强烈的优越感。他们奉黄帝为祖先，以“炎黄子孙”自诩，将自己与戎夷蛮狄的界限划分得极为清楚，强调彼此在衣着、语言、饮食、风俗、区域等方面的种种不同。就少数民族而言，也大都具有强烈的民族意识。十六国时的石虎，由于国内民众多信仰佛教，大臣上书称“佛出西域，外国之神，非天子诸华所可宜奉”。而石虎不从，认为自己“生自边壤，忝当期运，君临诸夏，至于飨祀，应兼从本俗。佛是戎神，正所应奉”[①]。石虎的回答，在相当大的程度上代表了历史上的一些少数民族君主的心理。

作为不同的民族，华夏汉族与其他少数民族在生活地域、经济生活、思想文化、民族意识等方面存在着显著差异，这就是中华民族发展特点中的多元性。同时更应看到，在各民族的个性差异中，更存在着共性的相通，它形成一种内聚力，决定着中华民族发展的趋势，是众脉一流，越来越扩大，也越来越巩固、团结。

就地域而言，华夏汉族主要居于中原中心地区，而少数民族则分布其周围和四边。但这种格局绝非一成不变的。随着时间的推移，双方接触与交流的增多，地域上的分隔首先产生了松动。历史上以长城为界的农业、游牧两大区域板块并非完全对立，相反，生产方式的不同更增强了经济互补的必要性。以游牧经济为主体的少数民族，牧民也并非仅以乳肉为食，毛皮为衣，他们对中原所产的茶、盐、粮食等物品都有相当程度的需要，而中原人民也希望得到北方的马匹、皮毛等产品。在中国古代，供需双方的

①〔梁〕释慧皎，撰，汤用彤，校注．高僧传：卷 9. 汤一玄，整理．北京：中华书局，1992.

满足主要通过两个渠道来完成：一是统治政权之间的馈赠与互市，一是民间贸易。其中，后者是主要的和经常的。边区贸易带来的民族地域分布的松动的一个较早、较明显的例子，就是在西汉末年，北方匈奴靠近中原农区的部分已稍南移，和附近的汉族边民杂居混合。到1世纪中叶，南北匈奴分裂后，这些南匈奴就留了下来，逐渐进入关内。

少数民族地域的大规模变动，则主要是通过少数民族统治者在中原建立政权而完成的。西晋灭亡以后，少数民族在中原地区建立了20多个政权，其中匈奴人建立的有3个，氐人建立的有4个，鲜卑人建立的有7个，羯人、羌人各建立的有1个，而后来兴起的北魏则完全统一了北方。魏南北朝时期出现的这种民族区域大变动的情况不断出现：两宋之际，契丹、女真人先后由东北而下，统治中原；蒙古族、满族则建立元、清两个全国性大统一的帝国。

同样，汉族人的居住区也并非一成不变，其总体趋向是向四周辐射，尤其向南扩展。早在战国时，楚将庄蹻因入滇不得归，便自称滇王，他所带去的士兵也全都留在了当时被视作蛮荒之城的滇地。汉人改变居住区域有多种情形：一种是自愿移民，在边地有部分汉族人因与少数民族经济交流的关系而搬入其居住区。如西汉时，由于压迫剥削加重，“边人奴婢愁苦，欲亡者多，曰‘匈奴中乐，无奈候望急何！’然时有亡出塞者”①。汉末及晋之后，由于北方战乱，大批汉人逃往辽东、河西，这里因此成为北方汉人集聚中心。五代战乱时，也同样有大批汉人投入北方契丹居住区寻求保护。另外一种情形则是统治阶级强制性的移民，如秦始皇迁中原50万人入岭南与当地人杂居。而汉武帝收复河西后，在此建河西四郡，移入28万人，也主要是汉人。历史上，西北地区著名的高昌国是汉人所建，他们主要来源于汉魏时镇戍西北的士兵和晋代难民后裔。

古代，凡统治者无偿征调各阶层人民所从事的劳务活动，皆称为徭役，包括力役、杂役、军役等。徭役起源很早，《礼记·王制》中有关于周代征发徭役的规定。《孟子》则有“力役之征”的记载。秦汉有更卒、正卒、戍卒等役，以后历代徭役名目繁多，办法严苛，残酷压榨平民百姓。

①〔汉〕班固，撰，〔唐〕颜师古，注．汉书·匈奴传．北京：中华书局，1962.

另外，由于被掳掠、遭贩卖等特殊情形而流入少数民族居住区的汉人也很多。

其实，不仅少数民族与汉族分布地域有错动，各少数民族之间的地域变动、交错杂居的情况也不断发生，而且更普遍。在北方大草原上，众多的游牧民族相继登台亮相，先后有匈奴、鲜卑、丁零、敕勒、突厥、回鹘等少数民族。一个民族走后，总是有部分遗留下来，和后来的民族杂居。根据费孝通的研究，他认为在西南地区，藏、彝等族是由古老的羌民的部分发展而来，在“云贵高原的民族格局中实际上存在着六种民族集团”，从这里可以看出少数民族错居杂处的复杂情况。由地域上交错变动产生了多方面的影响：人种的混杂，生产方式的改变，文化的融合互补，等等。这种深层次的“你中有我，我中有你”局面，才是所谓“一体”的真正含义，也只有这种意义上的“一体”，才是中华民族牢不可破的根本原因。

所以，中华民族的多元一体格局，就是指以地域上交错分布为基础，各民族经济上共通互补，文化上水乳交融，从而建立了心理上的认同。客观言之，这个过程是以中华民族主体汉族为“凝聚核心”而完成的，“华夏汉族起源发展于黄河流域，长期以来从事农业生产，在此基础上孕育了水平较高的汉文化，对周边民族产生了强大的吸引力和辐射力”。

汉族的农业经济，正如费孝通先生指出：“任何一个游牧民族只要进入中原，落入精耕细作的农业社会里，迟早就会服服帖帖地融入汉族之中。”十六国时期，大批少数民族纷纷进入中原内地。可以看到，进入中原较早的前燕政权，在很短的时间内便迅速汉化，他们几乎完全采用中原王朝的征收赋税徭役方式，王公贵族大量荫庇宾客、徒附，与汉族地主几无区别。北魏则在定都平城不久，便“离散诸部，分土定居”，解散原有的氏族部落组织，以地域为单位，分给氏族成员土地耕种。当然，也有一些少数民族统治者在起初进入中原时试图予以抵制，如蒙古族、满族在立国之初都曾圈占大批土地作为牧场，以图保持原有的生产方式，但事实证明这样的道路终究是行不通的。

汉族的文化，尤其是讲究“治国”之道的儒家文化对周边少数民族产生了强大的吸引力和辐射力，使少数民族仰慕汉族文化，一旦进入中原后就如饥似渴地学习、吸收和消化汉族传统文化。许多少数民族统治者都以习文倡儒为己任，他们当中也的确涌现出了一批有较高学术修养者。而由于统治者的在上提倡，所谓“上行下效”，从而引起了全国性的学习高潮，对于提高少数民族的文化修养有着不可忽略的推动作用。

十六国时期，匈奴贵族刘渊拜汉人儒者崔游为师，遍读经史兵法。他对同门朱纪、范隆说："吾每观书传，常鄙隋陆无武，绛灌无文。道由人弘，一物之不知，固君子之耻也。"[①] 刘渊子刘聪、族子刘曜都有较高的文化修养。而后来兴起的辽西慕容氏建立的前燕则更有后来居上之势，史称前燕"路有颂声，礼乐兴焉"[②]。十六国时期，最热心传统文化的少数民族统治者是前秦王苻坚，他把"修尚儒学"确立为自己的一项立国方针。当然，其后最著名的当属北魏孝文帝，他作为一个"文治之君"推行的一系列改革在历史上留下了长远的影响。

两宋之际，西夏、金王朝的少数民族统治者也同样以传统文化继承者的面貌出现。他们祭孔庙，倡儒学，习儒经。金熙宗完颜亶曾说："朕幼年游佚，不知志学，岁月逾迈，深以为悔。孔子虽无位，其道可尊，使万世景仰。大凡为善，不可不勉。自是颇读《尚书》《论语》及《五代史》《辽史》诸书，或以夜继焉。"[③]

在各少数民族中，清朝满族统治者在继承和发展我国传统文化方面可以说是出类拔萃的。清朝入关后，大力提倡尊孔读经，推行科举考试，整理出版古籍，对保存传统文化作用很大。

诚然，在中华民族这个统一体中强调了汉族所起的核心凝聚作用，但少数民族在其中所起的推动作用也不容忽视。少数民族的游牧经济丰富了生产的内容，而马匹牲畜直接促进了中原农业发展。少数民族的毛皮等制品深为中原人民喜爱，因而成为边境贸易的主要内容。

此外，少数民族对汉族生活方式、文化艺术等也多有影响。最典型的如唐代。唐诗人元稹《法曲》诗记载说："女为胡妇学胡装，伎进胡音务胡乐。"盛唐歌舞多彩多姿，正是魏晋南北朝以来少数民族传入内地的结果。据史籍记载，唐乐器中的"胡部"有数十种之多。笛子、胡琴、琵琶、箜篌、小鼓、腰鼓，原来都是少数民族的乐器。少数民族的艺术极大地丰富了汉族人民的文化生活，对塑造汉族乃至整个中华民族的精神面貌发挥了重要作用。

任何一个国家或民族，在历史发展过程中都会有一些具有代表性的建筑留给世界，在中国，长城就是具有这种价值的地标性建筑中特别突出的代表。长城犹如中华民族成长壮大的根脉一样，在促进中华民族融合发展的过程中汲取着各民族的营养。

长城的修筑、发展，调整了农耕政权与游牧势力之间的社会经济秩序，维系了

①〔唐〕房玄龄，等，撰．晋书·刘元海载纪．北京：中华书局，1966.
②〔唐〕房玄龄，等，撰．晋书·慕容廆载纪．北京：中华书局，1966.
③〔元〕脱脱．金史·熙宗本纪．北京：中华书局，1976.

不同民族的生存；长城根脉持续不断的延伸使得长城内外不同部族均把华夏视为故乡——中华民族共同体意识就在这个过程中不断得到强化（图 3-21）。

图 3-21　饱经沧桑的长城见证了中华民族的生存与成长（黎雪绘）

长城见证了华夏文明的诞生、崛起、升级和发展；

长城在全世界已经成为中国的代名词，成为世界语境下的中国符号；

长城根是中华民族的生命之根，有了长城，中华民族才得以生存成长；

长城根是中国文化的凝聚之根，有了长城，才有了中华众多民族文化的融合发展；

长城根是人类智慧之根，有了长城，人类向往和平愿景的根脉就会越扎越深，地球上也会因此而充满无限的生机……

长城根汲取了华夏文明的养分，为铸就中华民族的文明发展史奠定了坚实的基础。它用史实告诉人类：

有一种统一叫求同存异；

有一种包容叫海纳百川；

有一种尊重叫诚信共享；

有一种秩序叫我中有你；

有一种凝聚叫众望所归；

有一种眼界叫古为今用；

有一种目标叫人类共存；

有一种方向叫和平统一。

第四章

长城情　心有灵犀一点通

《说文》中载："情，人之阴气有欲者。"清代学者徐灏在他的《说文解字注笺》中有"发于本心谓之情"的注解。《礼记·礼运》称："何谓人情？喜、怒、哀、惧、爱、恶、欲，七者弗学而能。"

今天一般的理解，情就是一种心境、心态。不同的环境、需求下会有不同的情产生。

从汉字基本字义去理解，"情"是因外界事物所引起的喜、怒、哀、乐、爱、憎、惧等心理状态，是对人或事物的牵挂和关心……与不同对象关联，"情"的内涵和外延会有不同的拓展方向。

长城情，是因长城而产生隐现或显现的一种情，大可以是国家情怀，小也可以是人文情感。通过对"长城情"的研究、发掘、梳理，既能深度领悟长城所具备的基本功能，也能进一步感受到这些功能在应用中所发挥的实际作用。

对待长城，只有从历史、现实和未来的角度去解读，才能更全面、准确、深刻地认识它"情"的范畴。

从历史的角度看，长城主要是针对西北边地外族侵扰而修建的防御工事，它不是一道单独孤立的城墙，而是以城墙为主体，同大量的城堡、要塞、亭、燧相结合的军事防御体系。准战争状态和战争状态时这个体系具有屯兵、战斗、指挥、观察、通信、隐蔽等多种功能；和平年代时，则具有关贸互通、互利共生、融合发展的功能。

从现实和未来的角度看，长城又具备传承历史、凝聚力量、展现精神、启迪智慧等多种功能。

正是由于长城在中华民族融合、发展的过程中，解决了人们面临的生死存亡、文明发展延续、文明发展秩序三大基本问题，才使得中国成为世界上至今唯一还存在的、不断延续发展的文明古国。

一、热爱和平 长城作用在于不攻而胜

烽火传递是长城预警的重要功能之一，是集中军事力量显示自身强大的战前动员。通过军事力量的对比而吓退敌兵，从而避免从小股冲突不断升级为大规模的战争，不乏为止战的简明手段。

烽火报警系统是长城沿线卫戍部队的通信系统，近几十年也不断有相关的考古发现，古代长城区域，主要是通过在烽火台点燃烟火或挂举醒目标识，以最快的速度传递军事信息。这些墩或台，在汉代称作“烽燧”。烽火信号，白天用各种张挂物系在长杆上传递信息，夜间则点燃易燃的柴草，以火光传递军情。汉代的烽火制度，在中国烽火史中处于承上启下阶段，也是异常发达的时期，所以其烽、燧建筑规模很大。汉代的烽台又称为亭燧，每一亭住有若干戍卒，设有燧长。若干燧之间又建有一座小城堡和较大的烽台，称其为障，设有侯官，其附近亭燧统属于侯官指挥。若干的侯官又统属于更高一级的军事指挥都尉。汉代，在长城沿线分设有很多都尉，现在可知仅敦煌郡就有阳关、玉门、中部、宜禾四个都尉。都尉居住在更大的城堡之中。汉代烽燧的建筑有的在城墙内侧，距墙 3~5 米，有的则直接和城墙连为一体。关于烽燧的距离，民间有“五里一小墩、十里一大墩”的习惯说法，其实并非如此。

古人修筑烽燧是根据其军事位置而定的，地形开阔，首当其冲的地方就密些，500~1000 米一座；有河流、沙漠等可以为障的地方就疏些，远的约 5 千米一座。汉代烽燧的建筑结构，一种是同城墙一样全部用黄土加砾石夯筑而成。做法大致是：用戈壁上荒漠盛产的红柳或胡杨等植物垫底，厚在 0.5 米以下，其间也有铺夹芦苇的。用捆成直径约 0.2 米的芦苇挡住四面，并用苇绳拴牢，然后在中间填入黄土，逐层夯筑至顶。另一种是全部由石块垒成，但最常见的是用黄土坯砌筑而成，土坯一般长 0.4 米，宽 0.2 米，厚 0.15 米左右。烽燧一般高达 5 米以上，有的达 10 米多。当时登台上顶的方式，有的架设木梯或绳梯，也有的用土坯砌有阶梯。烽燧报警的方式（图 4−1），自 20 世纪初从汉长城发掘出汉简后，一直是专家学者研究的主要课题，取得了较快的进展。

图 4–1　长城烽传系统把长城内外前沿与指挥部及友邻之间全部联系起来（董耀会摄影）

居延遗址考古发掘相继出土了很多关于烽火、烽号的汉简之后，对此问题的研究又有了不少新突破。过去一直普遍认为，昼以燃烟传警为燧，夜以火传警为烽。但从出土的简牍中可知，当时的情况并非完全如此。目前可知汉代用于报警和传递军情的烽火信号大致有五类，分别为烽、表、烟、苣火、积薪。烽在汉代根本不是燃烧之物，而是用草类编织或用木料做框，蒙上白布挂出来报警用的信号；表是布帛做成的旗帜；烟是在烽台底下烟灶所燃，通过高出烽台顶部的烟囱所升烟柱作为报警的信号。以上三种全用于白天。苣火是举燃芦苇束做成的火把，主要用于黑夜；积薪则为堆在烽燧之外的巨大草垛，为重兵压境所用。昼燃视其浓烟，夜燃观其大火。以上五种烽号所代表的内容及其举法还有一些规定，汉简称这些规定为品约。这样一套以燃燧、举烽或举表的次数来表示敌人远近多少及军情缓急的烽传制度，开始于战国，形成于秦汉，而最终完成于明朝。

长城防御的威慑功能，要远远大于实战的防御作用。威慑功能是让侵扰掠夺的草原游牧民族认识到一旦出兵，防御的一方已经做好了军事防御准备，就可能走上性命攸关的不归之路，从而达到“不战而屈人之兵”的震慑作用。《孙子兵法》里讲：“上兵伐谋，其次伐交，其次伐兵，其下攻城。”攻城是一种在冷兵器时期，不到万不得已不会采取的策略。要想对敌方进行战略性的威慑，就要让对方认识并相信己方的能力和决心。修建长城就是让对方看到己方保卫长城以内地区安全的决心和意志，这是长城起到威慑作用的基础。主动地、大规模地修建长城，并在长城沿线驻扎重兵，这本身就是一种祈望和平并显示自身决心和力量的军事造势，以强大的军事实力，良好的备战状态为基础，做到不战而屈人之兵。没有很好的备战状态和很好的战斗实力、持续的战斗潜力，就无法实现威慑敌方的目的。长城屯兵主要是依靠长城沿线大大小小的城池和堡寨。

不战而屈人之兵，出自《孙子兵法·谋攻》。原意为不通过战争手段便能使敌军屈服，从而使己方达到完胜的目的。

以明长城为例：明朝为了加强长城的防御作用，就将长城沿线划分为九个防御区，分别驻有重兵，称为九镇或九边。初设辽东、宣府、大同、延绥四镇，继设宁夏、甘肃、蓟州三镇，专命文武大臣镇守提督之。明朝的九边军镇中的很多地方，最初设总兵时都是一种临战体制，只是负责执行临时的军事任务。后来成为军镇，其职能也发生了变化，主要包括两方面：第一是对辖区平时的军事及行政管理，其中包含日常的军事镇戍的职能。第二是战时指挥军事行动，其中包含遇警作战的职能。明朝的总督、巡抚、总兵等，都逐渐成了固定驻守一方的将领，可以直接指挥军队作战，皇帝对督、抚、总兵等都赋予了一镇或若干镇的军事指挥权。九边重镇整体防御体系完善，等级序列分明。每镇设总兵指挥本镇防务，镇之下又分若干“路”。每“路”统辖诸多关城、堡寨、墩台等，层层节制。如嘉靖时期昌镇自蓟州镇析出后，蓟州镇统辖山海关、石门路、台头路、太平路等路，每路各辖隘口若干；昌镇统领居庸、横岭和黄花三路，此外还统领养马峪口、虎峪口等 18 个隘口。九镇又分为三大防区，设有蓟辽保定、宣大山西、陕西三边总督。三大防区、九边重镇建立后，东起鸭绿江，西至嘉峪关，形成以边墙、关塞、堡墩相连，分区防守、各司其职的防御体系。以长城的边墙、关隘、塞堡为首道防线，以长城之内的城镇为第二道防线。总兵官负责全镇指挥，参将负责一个方面的防御指挥，守备则负责战略据点的防御，游击将军负责策应，形成点面结合、周密纵深的防御部署。明朝还在长城沿线和京师外围设置了辽东、北平、大宁、万全、山西、陕西都司和山西、陕西行都司等军事机构，既有各自的防区，又互相衔接，攻守结合，对保卫中央集权的国家安全和百姓的和平劳动起了积极作用。

二、守护生灵 长城作用在于化解矛盾

长城地区是农牧交错地区，历代在这个地区农牧双方军事对抗的模式，大致有以下三种。

第一种对抗是双方的军事冲突是不以决战形式进行的战争。这是长城地区会经常存在的情况，属于常态的军事冲突。面对游牧民族这种分散性的、抢掠性的军事挑战，中原守军往往处于较为被动的劣势。长城守军通过长城防御工程在长城地区强化军事存在，让游牧军队因感到强大的军事压力而不敢轻举妄动。

第二种对抗是双方以激烈的战争方式进行的大规模的军事决斗。战争的胜败将决定由谁拥有某片土地的控制权。这样的战争较少，不是双方的常态。一旦发生这样的军事冲突，长城各关隘首当其冲，位于战火的最前沿。随着军事冲突的不断升级，面临这样军事冲突的长城基本上很难发挥较大的军事防御作用。

第三种对抗是双方在有效地管理构建秩序，进行正常交流的情况下，发生小规模的、骚扰性的军事冲突。这种冲突是长城内外双方最高军事指挥都不想看到的结果。农耕王朝修建长城及构建军事防御体系建立有效的秩序，也符合游牧政权的意志。在这种情形之下，长城以有效地防御作为必要条件，保障了游牧与农耕之间和平交往的可能。

这三种情况并不是一成不变的，而是随着不同的历史时期、不同的历史背景不断变化。中原王朝强大，则第二种模式发生的可能较小。随着中原王朝的衰落，第三种模式也就失去了其存在的必要条件，常被第一种模式的冲突打破。看不清楚双方不同阶段的战略性变化，把握不好双方关系，在发生了实质性的变化之后的应对，就处理不好目前或未来将面临发生军事冲突危险的局面，反之亦然。只有在任何一方都没有对另一方形成较强优势、可以通过战争的手段彻底解决问题的时候，第三种模式才可以有效地正常运转。在中国古代历史上，农耕民族与游牧民族的军事对立，更多的时间处于谁也没有办法对另一方形成优势，谁也不能通过军事手段来彻底解决问题的状态。不管游牧民族还是农耕民族，从老百姓来讲应该都不愿意打仗，向往和平是各民族人民的共同愿望。游牧民族与农耕民族的和解，在大多数的时间里是受欢迎的。和平往往是建立在武力捍卫的基础之上，战与和的形势随双方军事力量强弱对比的改变而变化。在长城地区，战争可能转化成和平，和平也随时可能转化为战争。和平的建立主要有三种情形：一是通过武力征服来实现；二是在一方强大的武力威胁之下，订立的城下之盟；三是在双方彼此都不能靠武力征服对方的情况下，实行有效的障碍隔离。有时即便双方达成了某种避免战争的协议，也需要这种隔离。而长城，就是实现这种联系中的隔离、隔离中的联系最有效的媒介障碍物。

长城内外不同的政权、不同民族之间存在的根本冲突，还是经济利益起主导作用的冲突。这些冲突通过长城阻隔和管控达到了一种趋于稳定的平衡。

长城的修建，为解决、建立新的利益平衡问题提供了一种不可多得的军事、政治、经济、文化手段。

长城防御要从整体上发挥作用，整体效能并不只是反映在长城城墙防御上，也要依靠长城体系里的镇城、堡寨，还要依靠长城驿路、驿站、烽燧、哨所等各类交通、信息传递系统。在镇城里指挥的将领，从军事指挥中心发出号令，指挥各处关隘、堡寨的队伍据守各自的防御据点，或直接抵御敌人，或参与机动打击行动中。任何一处堡寨，都不是孤立存在的，都是长城体系中的一个节点。很多堡寨是为了加强长城防御、开展军屯而设立的，有的堡寨还可以贮存大量的粮食、器械等军用物资。

驿站是古代为传递政府文书或军事情报人员提供中途更换马匹或休息、住宿的场所。中国在周朝就设立了邮驿，到唐朝，邮驿已拓展到全国，有 1600 多个驿站，也已经应用于民间传递信件及实物。

中国的汉字是很奇妙的，通过观察汉字的字形，可以解读出很多内涵。就拿城堡的“堡”字来说，“堡”原来是“保”，后来为了表示居住区域有土墙环绕，就在下面加上了“土”字。在古代，城堡是非常普遍存在的生活聚落，长城沿线既有军堡也有民堡。远古时期出现定居农业后，原始村落周围往往有壕沟环绕，初期的堡寨就形成了。以后，防御设施不断加强，就出现了设防的城堡，散落在黄河、长江流域及内蒙古地带。“寨”的原意是防守用的栅栏。由于古代军营的门前，为了防守都设置了栅栏寨门，所以“寨”也常引申为军营。长城堡寨，就是长城沿线由城墙围成的军事聚落。万里长城线上分布着很多堡寨（图4–2），这些堡寨和长城墙体等建筑，一起构成了长城防御体系。

长城驻军体系是镇城、路城、卫城、所城、堡城的逐层管理的关系。堡寨是最基本的长城防御单位，其规模、级别取决于规划用途。处于战略要冲的地位越高，兵员规模越大，大的堡寨可以达到数百乃至上千名士兵，小的可能只有十几或几十个人。堡寨规模还受驻守将领级别决定，如果驻守将领的级别高，堡寨建设规模就大，士兵员额就多，防御设施也更加严密。有的堡寨建在高山上，有的堡寨建在沟谷中，也有的堡寨依山势建在坡地上。散布在长城沿线各地的堡寨，有的是专门戍守的，比较多的是屯戍一体，耕作与战守相结合的。士兵既要执行戍守任务，又要负责修城和耕作、生产，肩负多种职能。战国时代各诸侯国在具有战略价值的堡寨中，都驻有军队把守，并设有官吏掌管。关堡大门的开闭，都有一定的时间限制。

有的堡寨本身就是长城沿线用于贸易的市口，用于官方管理马市贸易，也作为交易场所。如明朝大同镇的得胜口、新平堡、守口堡，宁夏镇的清水营、中卫、平虏卫等，

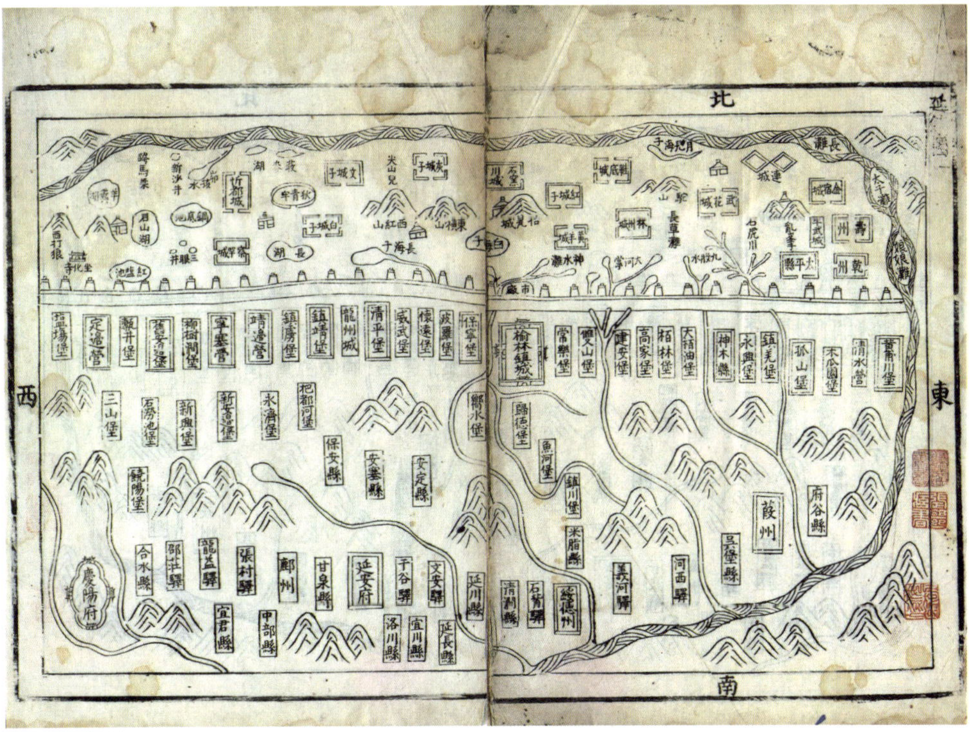

图4–2　明刊本《陕西四镇图说》中的陕西镇图表现了当时边堡的情况

都曾是官方每年开设“大市”的场所。有的堡很小，但也要建在要路和战略位置上。

大市指古时午后设立的集市，渊源于战国，延续至秦汉及以后。

一般来说，长城堡寨的区域控制作用，要远远大于实际作战的作用。任何军事体都有其长处和短处，游牧民族的军事优势性和局限性并存的特点表现得尤为鲜明。游牧民族的武器装备和战略战术，呈现出与长城之内农耕民族军队完全不同的特点。其军事优点是机动性强，缺点是不能打阵地战。所以，以静制动、以逸待劳成为防御游牧民族的有效手段。中原王朝修建长城，充分考虑了防御游牧军队机动性的需要。长城区域十分开阔，游牧军队机动性又非常强，这决定了中原王朝在开阔的区域面对机动性强的敌方，面对的区域往往几千里甚至上万里。这么长的战线上随时都可能发生局部战争。因此，对中原王朝来说，区域控制十分重要。游牧民族发起的局部战争往往规模不大，也不以颠覆中原王朝政权为目的。中原王朝修建长城，建立城墙、关隘、堡寨长城防御体系，是与防御需要相适应的手段。

长城地区的屯田，包括军屯和民屯。军屯是长城防御体系的一个组成部分，也是戍守边疆的一项战略措施。军屯始于西汉，以发展屯田为开发长城区域的第一要务。汉武帝时，凭借汉初几十年休养生息积聚的力量，逐击匈奴，在河西设置四郡，修筑长城，投入了极大的人力和物力。《文献通考》记载，在军需物资负担繁重的情况下，实行“无事则驱之为农而力稼穑，有事则调之为兵而任征战”①的政策。这种寓兵于农、发展屯田的做法，为维护西域地区发展和丝绸之路畅通提供了安全和经济上的保障。军屯的最大特点是利用守边戍卒一边屯垦一边戍边。朝廷以戍卒名义将内地农民调到边地进行屯戍、进行备战。农民征调到戍所后，根据其具体负责的事务分为戍卒、燧卒、亭卒、障卒、田卒、河渠卒、守谷卒，后三种

①〔元〕马端临，撰．文献通考·田赋考七．北京：中华书局，1986.

兵卒的任务便是屯田生产。军屯人员的粮食和生活必需品，生产使用的农具都由官府统一供给，收获也全部上缴官仓。汉代屯田守边方略经历朝的沿用及发展，到明朝时趋于成熟。明初就将军屯作为一种制度确定了下来。为了防御蒙古各部族的侵扰，明朝在大修长城的同时，在长城九镇自东至西大兴军屯。卫所按月给戍守军士发粮饷，屯田军士的粮饷按戍守军士粮饷的半数发给。负责屯田的军士，要按规定的数额交纳税粮，以充军粮。为了保证屯田制度的长期稳定，明朝军屯的戍卒另立户籍，叫军户。军户世代承袭，永世不得脱籍。驻守在长城沿线的上百万军队一边耕种，一边戍守，实现了屯田以给军饷的目的。且战且农这方面，在明代初年做得最好。据记载，洪武二十一年（1388），朱元璋“敕天下卫所屯田。凡卫，系冲要都卫及王府护卫，以十之五屯田；系卫所，以五之四”①。《明太祖实录》记载，随着长城地区形势的好转，朱元璋又于洪武二十五年二月“命天下卫所军卒，自今以十之七屯种，十之三城守，务尽力开垦，以足军食”。长城卫所的军队，一般是30%负责长城的戍守巡查防御，70%负责生产屯种（图4-3）。

屯田制是汉以后历代政府为取得军队给养或税粮，利用士兵和无地农民垦种荒地的制度，有军屯、民屯和商屯三种。始于汉武帝时的西域屯田，为军屯。东汉建安元年（196），曹操采纳枣祗、韩浩的建议，在许昌招募农民屯田，当年得谷百万斛。后推广到各州郡，由典农官募民耕种，这为民屯。屯田之民免服兵役和徭役，称“屯田客”。

图4-3　平时三分之二的士兵驻守在城堡中从事农业生产（董耀会摄影）

①〔清〕龙文彬，纂．明会要·兵二·屯田卒．北京：中华书局，1957.

军情较为紧张的地方，也有戍守和屯田人员按50%分配。《明会典》记载，洪武三十五年（建文四年，1402），规定军士屯田一分，纳正粮12石①。也有在极冲之地，戍守人员配备更多屯种人员的情况，所以到永乐年间就不再规定屯田和戍守军士的比例。据《明太宗实录》记载，朱棣在永乐二年（1404）修订屯田法时规定："守城军士视其地之夷险要僻，以量人之屯守为多寡。临边而险要者则守多于屯，在内而夷僻者则屯多于守。地虽险要而运输难至者，屯亦多于守。"军屯为军队戍守长城提供了坚实的物质基础，既解决了军队的口粮，又开垦了大量的荒地，减轻了民众的劳役和赋役负担。在明中叶以前，军屯起到了重要的保障作用，但到明朝后期随着军屯的荒废，很多地方的军屯耕地和军户成了一些军官或地方官员的私有财产，粮食等后勤供给就又主要靠中央财政了。

讲明长城屯田系统，就不能不讲明代的都司卫所制度。都司是都指挥使司的简称，卫是卫指挥使司的简称，所分千户所及百户所。在都司卫所制度的系统中，五军都督府为最高层级，然后是都司，再往下是卫，最低层级是所。所归卫统辖，又分千户所和百户所。有一种守御千户所，则直接隶属于都督府或都司管辖。一般情况下，大约5600人为一卫，1120人为一千户所。这些军人的家属实际上也和军人一起成为移民，卫所所在地也是他们居住地。明朝前期，本籍军户一般不在本地卫所从军。每卫设左、右、中、前、后5个千户所，也有的所更多一些。120人为1个百户所，百户所设总旗2个，每总旗辖50多人。下设10个小旗，每小旗辖10余人。都司卫所长官称谓及品级：都指挥使司设有正二品的都指挥使、从二品的都指挥同知、正三品的都指挥佥事。卫有指挥使为正三品、指挥同知为从三品、指挥佥事为正四品、卫镇抚为从五品。千户所设正千户是正五品、副千户是从五品、所镇抚是从六品。都

卫所制度是明太祖朱元璋模仿北魏隋唐的府兵制，又吸收元朝军制的某些内容而制定的，是明朝军队中最为重要的一项制度。据《明史·兵志》记载："明以武功定天下，革元旧制，自京师达于郡县，皆立卫所。外统之都司，内统于五军都督府，而上下十二卫为天子亲军者不与焉。征伐则命将充总兵官，调卫所军领之，既旋，则将上民所佩印，官军各回卫所。"凡是防区在一府之内的设所，一府以上者设卫，卫长官为指挥使。一卫辖属5个千户所，千户所长官为千户。一个千户所辖属10个百户所，百户所长官为百户。百户所下又分为两个总旗和十个小旗。此外，还有堡和哨。各卫所分属于各省的都指挥使司，统由中央的五军都督府分别管辖。

①〔明〕申时行，等，修．明会典·户部五·屯田．北京：中华书局，1989.

司卫所承担的任务，一是守边，二是屯田，三是修建长城。守边包括戍守长城卫所的城池及所管辖的长城。在防御蒙古等游牧势力掠扰的同时，也负责维护卫所的治安。屯田生产，就是长城沿线以卫所为单位，开垦土地，从事屯种生产。修筑长城是一件长期任务，历代长城的修建主力都是军队。明朝在全国设置的卫所之职能并不完全一样，长城地区的卫所则都有一定的实土，在卫所管辖地区内军民兼管，实际上是一种军政合一的地方政权组织。卫所管辖下的军士、徙民、军余及庞大的家属群，生产及生活都要依靠卫所进行管理。所以，每一个卫所都有一定的防守范围，并成为地方实际的行政管辖机构。

在长城区域内，通过驿路传递邮书而设置的军事交通系统就是驿传。因为传递公文讯息主要用车马，故此称为驿站，又称驿传、传驿，或称置、置传、邮驿等。

在中国邮政储蓄绿卡上有这样一幅画面：一个邮差在马上，头上戴着冠巾，身上穿着宽袖衣服，足蹬靴子，左手举着木牍文书，右手抓着缰绳。虽然这匹驿马已经是四蹄腾空，但信使却仍然稳稳地坐在马背之上——这是长城沿线嘉峪关市魏晋墓中发现的一幅图，名为《驿使图》（图 4–4）。如果仔细看，图中邮差五官中好像没有嘴巴，

图 4–4 嘉峪关汉晋壁画墓《驿使图》

据说寓意是一定要保障驿传的保密性。1982 年 8 月 25 日，邮电部为了纪念中华全国集邮联合会第一次代表大会在北京召开，以“驿使图”为邮票图案发行了“中华全国集邮联合会第一次代表大会”编号为 J85 的纪念小型张。“驿使图”也就这样理所当然地成为中国邮政的“形象大使”。此后，中国邮政储蓄于 1994 年起发行首款全国通存通兑银行储蓄绿卡，卡面再次选用了这幅“驿使图”。

中国早在殷商时代就有了驿传制度。秦始皇统一六国后，驿传有了长足的发展。到了汉代各地都设有传舍，三十里置一驿，供歇宿、停留并传递公文信息。汉代长城沿线的公私邮书，传递于亭燧之间。邮书每到一燧，值班燧卒负责接收或发出。如果是送至本燧的邮书，则上交燧长处理，送至其他燧的邮书，则由燧卒送到下一燧，如此依次送到目的地。凡是经手收发的燧卒，都要署名并记录接收和发送的日期、时间。如遇到紧急军情则用檄来传递，“檄”是一种比较长的竹木简。从出土的实物来看，檄是一种多面杆状的木简，上方有槽口，下端尖细，如果军情特别紧急，则要在檄文上插羽毛，也就是史书上记载的“羽檄”。自隋以后，驿传隶属兵部直至清末。

唐代官办的驿站，以京都长安为中心与四方相连，三十里有一驿站，还设有水驿。当时全国有驿站 1639 处，从事邮驿服务的人员约 5 万人。

宋元两朝邮驿有进一步的发展，宋代驿夫改由士卒担任，军事时期又置急递铺兵传送军报。元代因版图跨欧亚大陆，其驿传组织的规模更大。

在明长城防御体系中，作为交通系统的驿站（图 4-5），对九边军事局势具有重要的意义和影响，故明朝在加强边防建设的同时，对此无不给予特别的重视。明朝在延袤万里的长城防线上，设立了多条驿道、众多驿站，可以说是星罗棋布，纵横交织。这些驿道和驿站，串缀在长城千百座雄关险隘之间，构成了使明朝朝廷与边塞之间畅通的驿传系统。明朝廷除了发展长城九边地区的驿站，还沿长城沿线建卫设驿。共建有八驿：东有凉亭、沈河、赛峰、黄崖四驿，路接大宁、古北口；西有桓州、威虏、明安、隰宁四驿，路接独石口。驿递系统作为明朝国家机构的组成部分，与社会各个领域都相互联系、相互影响，推动着国家机器的正常运转。其畅通与否，不仅关系到战争的胜败，也关系到明王朝的盛衰存亡。明朝各州府县均设驿站，有水驿、马驿、急递铺、递运所之分。驿站所需人夫、马骡、车船等，作为差役由当地州县向民户编派。明长城沿线的每条驿路上，都设有驿路城、递运所和驿站，供传递公文人员或往来的官员休息、换马、补给。驿城的主管者叫驿丞。驿路上的城、所、站，根据其重要程度决定派驻官兵的多少，并决定所修建城池防御的大小。驿城附近还建有路台，

图 4-5　鸡鸣驿

以保障驿城、站间的联系和驿路的畅通。在古代，朝廷或边关如遇到紧急情况，要“驿马不停”以一日八百、六百、四百里的速度传递。一般的“塘报”① 也要日行三百里，由此可见其传递公文的迅速了。长城修建之初，驿传交通体系就是长城防御体系的组成部分。

长城沿线很多地方驿站的设立，还要早于长城的修建。长城九边驿站是分等级的，明朝长城九边驿传系统主要由马驿、递运所和急递铺三大机构组成，都受京都的会同馆管辖。会同馆是高级馆舍，有天下首驿之称。如长城外其他民族政权使客来京，经

① “塘报”即通报军情、政令的官方文书。

九边沿线各驿站接待后，前往会同馆，由馆舍官员安置。会同馆有大使1人（正九品）、副使2人（从九品），共同管理馆中事物。马驿与递运所、急递铺在长城九边地区在为长城区域政治、军事和经济各方面服务的同时，各驿站机构下设的馆夫人员也必须按照朝廷规定的制度，为过往使客和传递公文的人员提供食宿、检查通行证件等服务。清代的驿传则采用雇役，并置站专门传递军报。到了清明末年，由于现代通信设施和交通工具的传入，古老的驿传制度才被废止。

长城驿站是传送情报的休息点、“加油站”。长城沿线的交通靠驿站而连接贯通，歇人歇马但信息接着传递。由此可见长城的阻隔、沟通作用是同时并存的，只是以往这方面讲得少。《汉书》载“筑长城以为关塞”[①]一般的理解是强调封闭，实际上也是在强调关隘保障交通安全的作用。《史记》载赵长城的建造，使“北地方从，代道大通”[②]也是这个意思。长城防御体系，本身就包括军事交通，没有完善长城防御的道路系统，不仅影响军事行动，长城地区军民的生产和生活都无法正常进行。秦汉史专家王子今在《秦汉长城与丝绸之路》一文中说：“长城交通系统的道路有两种形制，一种是与长城平行的道路。”[③]郦道元在《水经注》中记载：“芒于水西南径白道南谷口。有长城在右，侧带长城，背山面泽，谓之白道。”[④]郦道元说得很清楚，此所谓的“白道”就是位于长城的旁边，道路与长城构成军事防御体系的关系。秦始皇时期修建的驰道和直道，秦驰道以咸阳为中心通往包括长城地区的全国各地，秦直道则主要是通往长城的干线公路。直道，顾名思义，就是一条直接通达的道路。军队或后期供给的保障，需要直接送到前方而用不着拐来拐去的，所以修建了一条直接通往长城的直道。在今内蒙古、甘肃和陕西境内，还有一些秦直道的遗址遗迹。驰道服务于长城防御的记载也不少，《史记》记载，周勃“攻楼烦三城，因击胡骑平城下，所将卒当驰道为多”[⑤]，讲的就是周勃利用长城地区驰道而调遣军队获得了战功。秦代沿着直道和驰道设置驿站，也便于信息和物资的传送。

①〔汉〕班固，撰，〔唐〕颜师古，注．汉书·贾山传．北京：中华书局，1962.
②〔西汉〕司马迁，著．史记·赵世家．顾颉刚，等，点校．北京：中华书局，2014.
③ 王子今．秦汉长城与丝绸之路．光明日报，2018-03-26.
④〔北魏〕郦道元，著．水经注·河水三．陈桥驿，校正．北京：中华书局，2000.
⑤〔西汉〕司马迁，著．史记·绛侯周勃世家．顾颉刚，等，点校．北京：中华书局，2014.

三、维护秩序 长城作用在于延续文明

“天道圆，地道方”“大象无形，大道至简”。

长城的“道”，一言以蔽之，构建农耕与游牧两个民族之间的秩序。

中原农耕地区和草原游牧地区是两种完全不同的环境，有着不同的物产资源和与之相适应的经济类型。农耕地区以农业种植为主，有粮食还有丰富的商品，例如茶、酒、糖、丝绸、瓷器等日常生活物品，这些东西都是草原地区不能生产的，所以对于游牧民族来说便成为十分紧缺的物资。而游牧地区盛产马匹、牛羊、皮毛等物资，则是农耕地区缺少的商品。这就是古代持续2000多年不断修建长城的基础。战国时期秦、赵、燕三个诸侯国修建了防御匈奴等游牧势力的长城，开始了农耕对游牧的防御。秦汉时期创造了较为发达的农耕文明，与此同时，游牧民族也向草原文明迈进。而同期产生并发展起来的万里长城，作用主要是在农耕向北扩展之后，规范、协调农耕和游牧两种生产、生活方式所带来的矛盾和冲突。

长城的主要作用是保护农耕社会和农耕生产（图4–6）。

大象无形的意思是有意化无意。就是不要显刻意，不要过分的主张，要兼容百态。语出老子《道德经》第四十一章。

大道至简意思是大道理（基本原理、方法和规律）是极其简单的，简单到一两句话就能说明白。所谓“真传一句话，假传万卷书”。

“道”在中国哲学中，是一个重要的概念，表示“终极真理”。“道”这一概念，不单为哲学流派诸子百家所重视，也被宗教流派道教等所使用。

图4–6　长城保护了农耕文明

古代中国农耕经济经过长期的结构调整，形成了几个主要农业区域。其中，北方是华北平原、关中平原，南方是成都平原和长江中下游平原。华北平原是黄河流域农业文明的起源地，从辽金开始成为中国北方的政治中心。关中平原农业生产十分发达，从西周到唐代一直是全国的政治中心。长城的作用之一是直接保障和影响华北平原和关中平原，间接保障和影响长江中下游平原。中国古代农业之所以能取得如此之高的成就，长城的保障作用不可忽略。长城是中华文明的象征，见证了中华民族从多元到一体，伴随了中华民族形成和发展的过程。长城内外广大地区，更是中国古代各民族碰撞与融合的舞台。中国具有人口众多和中华民族多元一体两大特点。这两大特点都与长城地区有着密切联系。长城地区农牧民族的碰撞与交流，促进了中华各民族之间的融合，有利于多民族统一国家的形成和发展。从这个意义上说，长城地区在中国历史发展的过程中具有特殊的地位。长城这一军事防御体系是北方农耕地区的安全保障，没有长城的保护，农耕地区的农民整天都会感觉是活在刀

欧文·拉铁摩尔（1900—1989），美国著名汉学家、蒙古学家，蒋介石的政治顾问。幼时随父来华、毕业于英国圣·比斯学校。1922年获美国社会科学研究会奖金，后周游新疆、内蒙古和东北各地，著有《中国的亚洲内陆边疆》一书，20世纪30年代初为北平哈佛燕京社研究员。还曾访问过延安，1938年起执教于霍普金斯大学。

尖上。命悬一线的人生哪里会有幸福感？长城多处于王朝的边缘地带，被视为王朝政治权力和势力范围的标志。长城保障农耕经济区的安全和稳定，亦即保障了王朝的税赋。长城调整了农耕和游牧民族的关系，促进了王朝和游牧政权朝贡秩序的构建。秦汉以来，游牧民族持续南下对长城以内的农耕社会构成巨大的威胁，其中经历了匈奴、鲜卑、柔然、突厥、契丹、蒙古等族群。保境安民成为历代王朝统治者的当务之急，王朝与草原社会的关系，也是边疆史研究重点之一，传统的历史研究以农耕社会为本体，游牧社会多处于客体的地位。拉铁摩尔认为，正像专门化的农业文明一样，游牧文明（图 4-7）也是畜牧经济高度专门化的产物，二者并无优劣之分。中国的边疆问题源于汉地社会的农业文明和草原社会的游牧文明的交汇、碰撞与冲突。二者的互动，既包括农耕民族的向北扩展，也包括游牧民族的南下掠扰。农耕文明自产生之后，就向外有选择地扩张，先是顺黄河进入中下游平原，而后向南发展到淮河流域。只有农耕经济向北扩张，才遇到了与农耕地区迥异的地理环境，这是一种只能发展异质文化的“硬”边界。

游牧民族对农耕地区的侵扰问题不仅中国有，也是世界文明古国普遍面临的问题。因各国的具体情况不同，游牧民族侵扰造成的影响在各国也不一样。两河流域、古埃及和古印度的农耕文明创造者既无天险可守，也没有修筑中国长城这样的防御工事，

图 4-7 长城调和了农牧民族之间的冲突，使其协调发展

所以在游牧民族的反复冲击和征服面前，遭受到严重摧残。大约公元前650年，在幼发拉底河和底格里斯河流域创造农耕文明的苏美尔人于两河中下游地区建造了城市，过着定居农耕生活。他们已经通过凿渠灌溉提高农业收成，并创造了楔形文字的古老农耕文明，后来被来自上游西北部操闪米特语的游牧民族——亚摩利人和亚述人所摧毁。他们的语言也被闪米特语所取代，其族群也因与征服者混合而消失了。整个族群消亡了，其族群所属的文化，不论曾为本族群的发展作出过什么创造性的贡献，也同样失去了价值。

现在讲长城对农耕和游牧的关系及影响，讲得还远远不够。每片被耕耘的土地，都是农民在大自然中完成的杰作。土地是农耕者的世界，秋天的收获是现实对理想的最好诠释。游牧部族抢掠的动力来自其生活的经济需要，但给农耕地区的和平与安全带来巨大的负面影响。一场战争、一次抢掠对农民都是一场噩梦，因为可以毁灭一个家庭，摧毁一个村庄，毁掉农牧交错地区的安宁，甚至也可以毁掉农耕政权的统治。对于游牧政权来说，能够组织大规模的抢掠行动是其领导力的体现。草原地区游牧部落的大小首领，通过抢掠不仅可以满足自身的物资需求，还可以一层层地将这些抢来的物资分发下去，以维系其在草原部落的统治地位。有了长城，就可以部分地遏制抢掠的发生，更可以避免一些因此而引发的更大规模的战争。对于农耕政权来说，从其长城防御体系的建设以及保障能力，完全可以看出政权乃至王朝的兴衰。

有一份编修于清嘉庆元年（1796）的《高氏系谱》，记载了明崇祯七年（1634）板厂峪乡耆、高氏先人高廷科与山石道参将王守道、钦差参将金斌等人倡议募捐资金修复长城，共集资白银400余两的事情。到了大明朝的江山岌岌可危的时候，朝廷已经没有力量满足长城修缮的需要。这时，高廷科等筹款修缮了义院口关城及三座城楼（图4-8）。后来当地人在义院口修建了一座三善祠，竖立了三善碑以纪念这些人

苏美尔人，是两河流域（幼发拉底河和底格里斯河中下游）早期的定居民族。建立的苏美尔文明，是整个美索不达米亚文明中最早的文明，也是世界已知最早的文明之一。苏美尔文明主要位于美索不达米亚的南部。通过放射性碳十四断代测试，苏美尔文明始于公元前40世纪，约公元前20世纪末终止，被阿摩利人建立的古巴比伦王朝所取代。

闪语族又称闪米特语族或塞姆语族，是闪含语系之下的语族之一，现代所使用的分支语言有：阿拉伯语、希伯来语、阿拉米语、马耳他语、阿姆哈拉语、提格雷语等。

图 4-8 《直隶长城险要地形》中的板厂峪与义院口

的功德。

司马迁在《史记 · 秦始皇本纪》引用贾谊的《过秦论》说，秦始皇“使蒙恬北筑长城而守藩篱，却匈奴七百余里，胡人不敢南下而牧马，士不敢弯弓而报怨”①。《后汉书》也记载：蔡邕在给皇上的奏折中说“秦筑长城，汉起塞垣，所以别内外，异殊俗也”②。长城“别内外”“异殊俗”，实际上就是构建农耕与游牧两个不同生产生活方式下的民族彼此的生产生活秩序。

严格意义上说，新石器时期的环壕石城，可以视为长城防御体系的前身。环壕石城是用城垣保护生活居住的聚落，是随着原始战争的增多而出现的防御设施。早期的城建方法原始，更多地借助于地形地貌，城垣形状不规则。随着技术的进步，规整方正的城堡日渐增多，防御设施也日益严密。最初，环壕石城只是保卫各部落民众，免受野兽或敌方的伤害，后来才发展为政治、经济中心。当生产谷物及饲养牲畜成为人们生产资料的主要来源，并开始定居之后，氏族部落已懂得利用天然障碍或用人力在居住地周围挖掘壕沟，以保护本部落不受其他部落的侵袭。随着掠夺战争的增多和生产技术的进步，原始弓箭等冷兵器性能的提高，单纯向地下挖壕沟，已达不到有效地防护自己不受敌箭伤害的目的，于是就出现了高出地面的土、石围墙。通过战争的实践，人们发现围墙与壕沟结合，比单纯壕沟更为有利，因而墙与沟结合的形式，就成为居住地设防的主要形式。

由此，长城应运而生并在地球上发挥了“维护秩序、延续中华文明”的特殊作用。

①〔西汉〕司马迁，著. 史记 · 秦始皇本纪. 顾颉刚，等，点校. 北京：中华书局，2014.
②〔南朝宋〕范晔，撰，〔唐〕李贤，注. 后汉书 · 鲜卑传. 北京：中华书局，1965.

四、拨云见雾 长城作用在于启迪觉悟智慧

从人类文明的视角来看，长城是中华民族奉献给世界传统文明的一个活化石。

长城延续不断地修筑了 2600 多年，分布于中国北方的历代长城遗址遗存至今已经发现的有 21196 千米。作为世界文化遗产它是地球上修建时间最长、工程量最大的、除此以外世界上绝无仅有的一项古代防御工程。

毫无疑问，长城已经是全人类公认的具有突出意义和普遍价值的世界文化遗产。

研究长城、解读长城就是要把长城在中国存在的“独特意义”和长城为世界提供的“普遍价值”说透彻、讲明白。继而让“长城故事”传遍世界、深入人心，从而发挥它启迪人类智慧的“重要影响”。

如果把历史比喻成万里无垠的沙漠，文化就像是沙漠中的绿洲，在沙漠中探索前行，既要有坚信绿洲存在的信念，也要有在沙漠中勇往直前的方向，还要有战胜艰难险阻的勇气。对长城相关内涵的挖掘、探索和研究最重要的目的，就是要在其“独特意义”中找出带有“普遍价值”的文化精髓。这些文化精髓是在长城产生和发展的过程之中形成的，它不仅在过去对中国的历史产生重大的影响，而且在现在和未来也会对中国，乃至全人类的生存、发展产生重要的影响，它就像一面镜子，在见证中华历史和未来的同时也为人类前行源源不断地提供启迪和智慧。

1. 长城文化是维系生死存亡、构建秩序的文化

长城首先解决了农耕民族的生存问题。长城的修建使农耕民族在一个有安全保障的空间里从事农业生产，尽量避免受到外界的侵扰。种植农业是人类文明生产和发展的基础，古埃及（图 4–9）、古印度、古希腊、古罗马也是由渔猎、采集向农业定居生活的过渡中形成并发展各自文明的。在古代中国，农业始终是立国之本，对于中原政权来说保护农耕就是保护国家命脉。

古代中国传统农业一度处于世界领先地位。中国北方的华北平原、关中平原，南方的成都平原和长江中下游平原，自古就是重要的农业产区。华北平原是黄河流域农

图 4-9　古埃及背景古文化

业文明的起源地，从西周到唐代一直是全国的政治中心，从辽金时期开始成为中国北方的政治中心，关中平原的农业生产则十分发达。长城的重要使命之一就是直接保障和间接影响华北平原、关中平原和长江中下游平原的安定。斯塔夫里阿诺斯在《全球通史：从史前史到 21 世纪》一书中谈到游牧民族的发展时，也谈到了长城对中国农耕地区的保护作用。

长城为各利益主体提供合作发展、寻求双赢或多赢的平衡空间：长城为各类主体的自身发展、追求利益，提供了相互交融、对抗，甚至战争的场所；长城为创造适宜生活环境的追求和希望使人类相互联系、相互制约，并建立起各种法规制度，构建起逐步文明发展的社会秩序。

长城地区农牧民族有序的碰撞与交流，促进了各民族之间的融合，也有利于中国统一多民族国家的形成和发展。著名史学家、教育家翁独健曾经提出："中国各民族间的关系，从本质上看是在漫长的历史过程中经过政治、经济、文化诸方面愈来愈密切的接触，形成了一股强大的内聚力，尽管历史上各民族间有友好交往，也有兵戎相见，历史上也曾不断出现过统

古埃及，位于非洲东北部尼罗河中下游地区，是典型的水力帝国，受宗教影响极大，举世闻名的金字塔就是古埃及人对永恒观念的一种崇拜产物，也是法老的陵墓。此外，狮身人面像、木乃伊也是埃及的象征。

罗马帝国以地中海为中心，跨越欧、亚、非三大洲。中国史书称其为大秦。

罗马共和国后期公元前 27 年，元老院授予盖乌斯·屋大

一或分裂的局面，但各民族间还是相互吸收、相互依存、越来越接近，从而共同缔造和发展了统一的多民族的伟大祖国，这乃是历史上民族关系的主流。”[①]

长城自产生之始，就伴随着中华文明的发展。长城保障了中华文明按照自身的轨迹延续、发展，保证了中华民族几千年延续不断的历史记载和文化传承。

长城的建立和发展保障了中华文明的传承，中国古代史从部族到诸侯，从诸侯到天下一统，社会形态始终在不断分裂与统一的过程中交替进行。统一是中国历史上有实力政权的强烈追求，也是中国人历来所具有的独特心理意识。

中国古代的经济和社会基础，始终是稳定性很强的农耕经济。相比之下古代欧洲的农耕经济则不够发达。因此，中华民族对统一的诉求，远比世界其他民族要强烈得多。

中国历史上影响大的秦汉长城、隋代长城、明长城都是在实现长城以内农耕地区的统一之后修建的，即使是北魏长城、北齐长城、金长城也是这些少数民族政权统一了中国北方，成为北方农耕地区的统治者之后所修建的。

在中国秦汉长城修建和使用的同时，欧洲也修建了长城。在古代文明开启之初的公元前 1000 年到公元 500 年，欧亚大陆东西方有着非常相似的特点。欧亚大陆上的几个强大帝国的疆域，由原来只在各自所在区域的大河流域内活动而向外扩张，形成了秦汉、罗马、贵霜、安息等强大帝国。到 1 世纪，罗马帝国、安息帝国、贵霜帝国和汉帝国一起，连成了一条从苏格兰高地到中国海横贯亚欧大陆的文明地带。

罗马帝国与秦汉王朝同样处于政权强大的相对统一时期，不约而同地采用修建长城的方式（图 4-10），来加强边疆地区防御。2 世纪古罗马的边界防御设施罗马边墙属于与中国长城相同性质的军事防御工程。罗马边墙全长超过 5000 千米，

维“奥古斯都”称号，古罗马文明由此进入帝国时代。

公元 2 世纪安敦尼王朝时期（96—192），罗马帝国达到极盛。皇帝图拉真在位时（98—117），帝国疆域西起西班牙、高卢与不列颠，东到幼发拉底河上游，南至非洲北部，北达莱茵河与多瑙河一带，地中海成为帝国的内海。控制了大约 500 万平方千米的土地，是古代国土面积最大的君主制国家之一。

395 年，皇帝狄奥多西一世将帝国分给两个儿子，实行东西分治，从此罗马帝国再未统一。476 年，日耳曼人奥多亚克废黜西罗马帝国皇帝，西罗马帝国灭亡，欧洲历史进入了中世纪；1204 年，第四次十字军东征攻破东罗马帝国首都君士坦丁堡，自此东罗马帝国一蹶不振；1453 年，奥斯曼土耳其帝国苏丹穆罕默德二世率军彻底灭亡东罗马帝国。

① 翁独健．论中国民族史．民族研究，1984（04）。

图 4-10　哈德良长城 MC37 里堡、MC48 里堡（李严摄影）

从英国北部的大西洋海岸开始贯穿欧洲黑海，延伸至红海和整个北非大西洋沿岸。罗马帝国则以罗马边墙划分与自由日耳曼族的边界。

罗马帝国对外省的统治主要是通过地方军阀家族，以及那些表示臣服的当地政治势力来实现。罗马统治者对外省失去统治力时，外省的实权拥有者便纷纷独立，发展成众多的独立国家。罗马帝国依靠军事征服保障下的法律进行管理，缺少的是像中国文化对统一的追求和行之有效的郡县管理等政治制度。所以，随着罗马帝国的军事解体，政治的统一也就不复存在，在这样的背景下处于分裂状态的欧洲，自然不再有修建长城的必要了。

而与他们处于同时期的秦汉王朝，则在全国推行郡县制，实行中央集权统治。也正是由于长城保证了郡县制的实施行为，为国家的政治统一提供了基础，进而保障了文明的传承与发展。

贵霜帝国是跨中亚和南亚的古代盛国（1世纪至3世纪），鼎盛时期疆域从今日的塔吉克斯坦绵延至里海、阿富汗及恒河流域。

公元前130年，月氏人南下征服大夏，把大夏分予五个部族，各设一个酋长，称为翕侯。前1世纪初，五翕侯中的贵霜翕侯丘就却统一五部落，建立起贵霜国，丘就却打败安息，南下攻击喀布尔河流域和克什米尔地区，后定都为高附（今喀布尔），奠定了

2. 长城文化是崇尚和平、天人合一的文化

“和”文化是中华民族的人文基础。“和平”在中国文献中最早出现于西周时期的《周易》中，原文为：“天地感而万物生，圣人感人心而天下和平。”[①] 长城的出现是一种社会发展的必然，是国家寻求生存的必由之路。

修建长城为的是防守而不是打仗，充分体现着“和平”“和为贵”，奉行与人为善、以邻为伴的行为准则。不但讲“和为贵”，还身体力行突出“和而不同”的思想体系，反映了中国传统文化的本质特征。

杜甫的诗句“安得壮士挽天河，净洗甲兵长不用”，很好地诠释了中国人追求和平的理念。

中国传统文化中对于战争进行有效控制，也彰显着长城“和”的文化基础。正是这种文化背景，使得追求和平的理念始终在传统文化中占据主导地位，古代王朝才会用不断地修建长城来解决所遇到的问题，“不战而屈人之兵”“不战而胜”，

帝国的基础。丘就却死后，其子阎膏珍（65—75）继位，南下进兵印度，占领了恒河上游地区。之后迦腻色伽一世（78—102）继位，又南征印度，将都城迁至犍陀罗地区的富楼沙（即今巴基斯坦的白沙瓦）。100年，贵霜帝国统治人口达到1020万人；180年，人口达到1380万人。

贵霜帝国是中国丝绸、漆器、东南亚香料、罗马玻璃制品、麻织品等贸易中转站。贵霜帝国时期也是佛教开始发生重大变化的时期，为大乘佛教的传播打下基础。

① 杨天才，译注．周易·咸卦．北京：中华书局，2022.

才成为兵家最高层次的追求。

把握中华传统文化的本质特征，认识中华文化对战争尽量采取遏制的态度，才能真正地认识传统文化，认识到长城修建和使用的意义。

中国传统文化并非只是主张不使用武力，而是强调尽量不使用武力（图 4-11）。对于战争，中华传统文化中也是讲究“文武并用”的。

中华民族文化中对待战争的态度有一个比较突出的表现，那就是讲究“先礼后兵”。

在发生矛盾冲突的情况下，尽量保持极大的克制，并争取以谈判的方式解决问题。就算冲突已经不可避免，也会报以极大的诚意将军事行动控制在合理的程度中。即便在战斗中占有优势，也不主张以极限施压的做法置对手于绝地。虽然这种思想并没有始终贯彻在所有的军事实践中，在战争过程中也不乏出现使用残酷手段给予对手毁灭性打击的事例，但这并不影

图 4-11　长城脚下人们悠闲的生活（董耀会摄影）

和为贵，是儒家倡导的道德实践的原则。就是说，礼的作用，贵在能够使天下和顺。如果人人都能按照礼来处理一切事情，就可以实现天下太平。

和而不同（和：和睦；同：苟同）指和睦地相处，但不随便附和。特指不论是人与人，还是国与国之间的友好交往，应该保持在和睦相处的过程中不必强求他人或者他国一定要遵从你的意愿。

文武并用出自《史记·郦生陆贾列传》，唐朝魏征在《谏太宗十思疏》中引用来劝李世民应“文武并用，垂拱而治”，意思是文臣武将都能重用，（皇上）垂衣拱手就能治理好天下。意在劝谏太宗居安思危，戒奢以俭，积其德义。

先礼后兵意为先以非战的文明方式与对方谈判交涉，行不通时再使用强硬的手段。

响中华传统文化“非战”的主流思想，更不妨碍中华传统文化中追求和平的核心意愿。“非礼不动”“非德不动”“非危不战”的思想，才是优秀的中华文化的集中体现。

发生不发生战争、仗打与不打，不是由一方决定的。战争要到了不得不打的时候才打，这就叫仁至义尽。用防守的形式来制止战争，就体现着守望和平。

长城产生于春秋战国时期，诸子百家思想也产生于这个时期。修建长城是在春秋战国形势中应运而生的，长城从其产生之日起便在顺应战争形势下，同时注入了和平的思想理念。尤其是墨子，以其卓越的军事智慧，将守和御两者有机结合，在筑城理念中加入国备思想，对中国长城的修筑产生了重大而深远的影响。

春秋战国之后，历代长城的修建过程中，都强调和平与国备的思想。在这些思想的主导下，秦汉最终实现天下一统的目的。成书于战国初期的《司马法》载：“古者，以仁为本，以义治之之谓正。正不获意则权。权出于战，不出于中人。是故杀人安人，杀之可也；攻其国爱其民，攻之可也；以战止战，虽战可也。”[①]为了更多人的安宁，为了制止最大规模的战争，长城也曾在一定的时间里充当过“以战止战”的工具。

同样是在《司马法》中，还有这样的观点：“国虽大，好战必亡；天下虽安，忘战必危。”这就是不可“以大欺小”“有备无患”核心内涵。这是超越了敌对立场、不同价值观的一种境界。长城在实践中所承载的和平文化理念正是这种现象的具体反映。

中国数千年来不断朝着统一、安定的方向发展，分裂和战乱的时间相对较少，与长城蕴含的“和平”“融合”文化内涵有着密不可分的关系。孙中山在《建国方略》中记载：“秦始皇虽以一世之雄，并吞六国，统一中原……为一劳永逸计，

《司马法》主要记载了从殷商到春秋、战国时期的一些作战原则和方法，总结了中国历史上无数战争的经验教训，是现代人研究古代军事思想的可靠文献。

“以战止战”意喻：如果杀人是为了让更多的人获得安宁，杀掉这个人是可以的；如果攻打一个国家是为了更好地爱护那里的人民，也是可以的；如果开战的目的是制止战争，那也是正义之战，是可以进行的。

“国虽大，好战必亡；天下虽安，忘战必危”认为自恃国力强大而频频发动战争，终究会自食苦果；而苟且偷安、懈怠战备同样会导致丧师失地，甚至国破家亡的下场。所以它强调既不能“好战”，又不能“忘战”。

① 陈曦，陈铮铮，译注．司马法·仁本第一．北京：中华书局，2017.

莫善于设长城以御之。始皇虽无道，而长城之有功于后世，实与大禹之治水等。”

英国人斯坦因实地考察西域后，在《斯坦因西域考古记》中写道，“汉武帝（图 4-12）的长城用意乃是作为大规模地前进政策的工具”，这是有一定道理的。但是，可以清楚地看到，古人以其智慧建造的长城，最终的目的是防御，通过防御最大限度地化解战争。

在今日之中国，既有对个人未来生活的美好畅想，也有对国家民族复兴的期盼，这一切的前提是和平。中国的俗语“家和万事兴”就表达了对安定生活的向往。

这是中华民族的一种文化追求，是中华民族爱好和平的文化核心。深入挖掘长城与中华文明的和平价值观，对今天在世界范围内构建和而不同的和谐世界，建设多元共存的全球文明秩序实践、文明互鉴、构建人类命运共同体都具有理论价值和现实意义。

今天“爱我中华、修我长城”，一定会为两岸的中华子

人类命运共同体，旨在追求本国利益时兼顾他国合理关切，在谋求本国发展中促进各国共同发展。人类只有一个地球，各国共处一个世界，要倡导“人类命运共同体”意识，走和平发展道路，奉行合作共赢的开放战略，恪守维护世界和平、促进共同发展外交宗旨的承诺，包括共同、综合、合作、可持续的安全观，公平、开放、包容、共赢的发展观，和而不同、兼收并蓄的文明交流，以及尊重自然、环境友好的生态文明。

人类命运共同体这一全球价值观包含相互依存的国际权力观、共同利益观、可持续发展观和全球治理观。

图 4-12　茂陵博物馆内的汉武帝石刻

孙走向一统提供强有力的文化支撑。长城文化中的和平理念一定会得到世界上越来越多人的认同，这种文化理念一定会在世界范围内为构建“和而不同”、多元共存、文明互鉴的人类命运共同体贡献更多的智慧。

3. 长城文化是弘扬传统承前启后的文化

传承民族精神是项艰巨的工程，必须借助一定的文化资源，采用适宜的方式。在这一背景之下，历来被视作中华民族精神文化图腾之一的长城文化，受到了分外关注，其所具备的历史、思想以及人文价值，也就成为民族精神的重要来源。长城首先是一处古建筑文化遗产，同时其背后蕴含着丰富的人文内涵，寄托了中华民族的理想、情感和价值追求。将长城文化合理运用于民族精神的传承之中，有助于形成积极、昂扬的社会氛围，可以维系和谐共荣的社会关系，并能够构建安定有序的社会秩序，无疑是传承民族精神可以借助的文化资源。

第一，长城文化能够增强中华民族凝聚力。独特的文化母体基因、特殊的人文积淀感染力，为长城文化注入了强劲而持久的活力，使其能够随着时代的演进而呈现出坚韧不拔、百折不挠、愈挫愈勇的精神魅力。特别是在中华民族遭遇外来入侵的近代，长城文化以其深厚、朴实、热烈、豪迈的人文感染力，鼓舞了不可胜数的志士仁人，他们为了家园的保全、国家的安危以及民族的存亡，不计个人生死与得失，始终坚持奋发不屈、团结向上的精神理念，继而也为中华民族精神文化的不断升华增添了动力。对于思想多元的当代社会而言，重新引导民众去认识、了解、感知长城文化，宣传其蕴含的勇敢无畏、吃苦耐劳的优秀品质，坚韧不拔、自立自强、昂首挺立的人格魅力，以及对于弱势群体的同情、怜悯和救助情怀，能够促使民众切实意识到自己作为社会一员的责任与义务，传承优良品德，增强民族自信心、自豪感，从而增强中华民族的凝聚力。

第二，长城文化有助于培育国民高尚人格，营造良好社会氛围。毋庸置疑，建造长城的初衷在于汉族政权抵御塞北民族的南下侵扰，其以山峦作为天然屏障，依托人力构建起了稳固的人工军事防御体系。而随着统一多民族国家的建立，长城的防御功能逐渐被弱化，更多地成为后人凭吊先辈之壮美事迹的对象，逐渐演变成为一种带有怀念先贤、警醒后世的自励精神。也正是在这种情结的催化之下，长城文化开始被阐释为勤劳、自勉、无畏的精神，旨在通过追忆前人之事，警示、勉励后人应艰苦奋斗、居安思危。所以，通过集中阐释长城文化之中的这些对于优良人格的倡导，将之引申为不畏各种繁杂、艰辛的钻研精神，引导民众去自觉地完成民族精神的传承，将有助于形成积极、昂扬的良好社会氛围。

第三，长城文化促进了各民族的团结互助。自清代以来，农耕民族与游牧民族间的战事基本停止，团结互助成为常态（图 4-13）。长城这一浩大军事防御工程也逐步转变成为观览吊古的场所，越来越多地被视为民族团结、和谐包容的文化图腾。尤其是到了清代，统一多民族国家的再次建立与扩大，使得各民族之间的交往、融合更为紧密。这就让长城文化的核心内涵得到了进一步的延伸，由农耕民族与游牧民族间的互相敌视和战争不断变为团结互助、和平共处。因而，将长城文化充分融入民族精神的传承之中，着重传播各民族间团结互助、和平共处、坚韧不拔、自立自强、抗暴扶弱、除恶扬善的正义情怀。

图 4-13　促进民族团结的三娘子（美岱召壁画）

4. 长城文化是自强不息和民族自信的文化

自强不息是中华民族的传统美德。早在我国周代典籍《易经》中就讲道："天行健，君子以自强不息。"汉代典籍《礼记》中也讲道："知困者，然后能自强也。"我们的祖先历来强调，凡是有志气、有道德、有本领的人，必定是自强不息的人。几千年来，中华民族以自强不息的精神历经磨难，艰苦奋斗，创造了伟大的东方文明，屹立于世界民族之林。在无数优秀炎黄子孙的人生轨迹中，都鲜明地印刻着矢志不渝、刻苦勤奋、拼搏向上、自立自强的精神品质。我们的祖先历来告诫年轻人"少壮不努力，老大徒伤悲"，即使对老年人也倡导"老骥伏枥，志在千里"和"不须扬鞭自奋蹄"的自强精神。

所谓中华民族传统美德，是中华民族优秀民族品质、优良民族精神、崇高民族气节、高尚民族情感、良好民族礼仪的总和（图 4-14）。它使人陶冶爱国情操，从小树立爱国爱民的志向；它让人孝顺父母，对其充满孝心；它让人仗义疏财，尽力帮助别人。它感化了身边的一切，让处世的人明白心灵美才是真正的美，从而弥补了愚昧与笨拙、丑陋与迷信。

传统美德包含如下内容：仁、义、礼、智、信、孝、悌、忠、廉、耻、勤、勇、敬、恕、谨、俭、忍、友、慈、和。

传统美德的内容可谓博大精深，涉及社会生活的各个领域。归纳起来，可以分为"修身""齐家""平天下"三个方面。

5. 长城文化是水能载舟亦能覆舟的文化

唐太宗李世民创立了"贞观之治"的太平盛世，知人善任是他成功的条件之一。名臣魏征与太宗议论治国之策时，提出"水能载舟，亦能覆舟"的论断，阐明了一个治国安邦的深刻道理。

"水能载舟，亦能覆舟"这里的水是指"人民"，这里的舟是指"皇权统治"。意即人民群众可以维护王朝政权，也

《礼记》是中国古代一部重要的典章制度选集，主要写先秦的礼制，体现了先秦儒家的哲学思想（如天道观、宇宙观、人生观）、教育思想（如个人修身、教育制度、教学方法、学校管理）、政治思想（如以教化政、大同社会、礼制与刑律）、美学思想（如物动心感说、礼乐中和说），是研究先秦社会的重要资料。

贞观之治是指唐朝初年唐太宗李世民在位期间出现的政治清明、经济复苏、文化繁荣的治世局面。

唐太宗任用贤能，知人善任；广开言路，尊重生命，自我克制，虚心纳谏；采取了以农为本，厉行节约，休养生息，文教复兴，完善科举制度等政策，使得社会出现了安定的局面；大力平定外患，尊重边族风俗，稳固边疆，最终取得天下大治的理想局面。

图 4-14　长城地区大量的摩崖石刻是长城上重要的文化遗存（董耀会摄影）

可以推翻其政权，关键要看统治者是否顺民意、得民心。

广泛流传的“孟姜女哭长城”（图 4-15）是我国民间四大爱情传说故事之一，在我国南北方都有故事发生地的说法。其实经过很多专家科学论证，这一传说中孟姜女哭的是齐长城而不是秦长城，孟姜女所哭的是现如今山东齐鲁大地上的齐长城遗址一带。这要比秦长城发生时间提前了近 200 多年。毛泽东也曾经在山东考察时向时任济南军区司令员许世友讲起过：孟姜女哭长城这一传说其实就发生在山东，在距济南 400 千米处。毛泽东所说的地方就是现如今济南长清万德镇的长城村，这里自古是北京到南方必经之路，还保留九省御道等历史遗迹，当然也有大量残存石碑等记载孟姜女哭长城这一传说。

秦始皇嬴政持策仗剑，灭六国，吞八荒，囊括四海，建立了秦王朝，也算是一个有雄才大略的历史人物。可他在建立了秦王朝后，未能及时休养生息，发展生产，却推行暴政，修阿房、建长城、焚书坑儒、残民以逞，导致天怒人怨。身为戍卒的陈胜、吴广登高一呼，天下响应，秦王朝很快土崩瓦解，成为中国历史上一个既强大而又短命的王朝（嬴政在位 27 年，他的儿子秦二世胡亥仅在位 3 年）。这里的经验、教训何其深刻，秦朝的灭亡，被认为是推行暴政的结果。

图 4-15　明版《古列女传》中的孟姜女（引自《中国木版画通鉴》）

战国时，邯郸籍著名思想家荀况在《荀子·王制》篇中说："君者，舟也；庶人者，水也；水则载舟，水则覆舟。"意思是说统治者像是一条船，而广大的民众犹如河水，水既可以把船载负起来，也可以将船淹没掉。唐贞观后期，魏征在著名的《谏太宗十思疏》中说："怨不在大，可畏惟人。载舟覆舟，所宜深慎。"意思是说：怨恨不在于大小，可怕的只在人心背离。水能载船也能翻船，所以应该高度谨慎。唐太宗对荀子和魏征的这一观点十分欣赏，在与君臣讨论国家的治理策略时，多次引用和发挥了这一观点。他在《论政体》一文中说："君，舟也；人，水也；水能载舟亦能覆舟。"荀子、魏征和唐太宗，都深深懂得人民的力量是极其伟大的，十分强调了依靠人民力量的重要性。他们的思想，为历代统治阶级所接受。对历代统治者实施尊重民情民意，执政为民，起到了积极的促进作用。水能载舟亦能覆舟说明了统治者如船，老百姓如水，水既能让船安稳地航行，也能将船推翻吞没，沉于水中，表示事物用之得当则有利，反之必有弊害。如何避免倾覆的危险，《荀子》中给出了明确答案。在引用"水则载舟，水则覆舟"后，接着谆谆开导说："君人者，欲安，则莫若平政爱民矣；欲荣，则莫若隆礼敬士矣；欲立功名，则莫若尚贤使能矣。是君人者之大节也。"统治者要安荣显名，使得水能平稳载舟，就应该平政爱民，隆礼敬士，尚贤使能。荀子认为，这些对统治者来说，都是关系到生死存亡的大事，也是长治久安之策。

隋炀帝（图 4-16）杨广虽然被后人称为千古一帝，完成了大一统事业，但其残暴统治的表现却使人心尽失：一是大规模征调民夫开凿疏通大运河，劳民伤财；二是三征高句丽，不仅损兵折将，还极大地消耗了国力，使得国内统治根基不稳，造成国内起义不断；三是国内横征暴敛，百姓为了服兵役、徭役，缴纳赋税，生活苦不堪言。隋大业十四年（618）三月，隋炀帝杨广见天下大乱，已心灰意冷，无心回北方，命修治丹阳宫（今南京），准备迁居那里。从驾的都是关中卫士，他们

隋炀帝杨广从大业八年（612）到大业十年（614）对高句丽进行了三次御驾亲征。大业七年（611），刚刚结束巡游江都的隋炀帝便开始为东征进行各项粮草军备，至大业八年（612）二月，隋炀帝正式进军，即第一次东征。但因隋炀帝指挥错误，隋朝遭遇惨败，损失惨重，隋朝国内开始发生农民起义。第二年正月，隋炀帝开始筹划第二次东征，但因杨玄感叛乱而退兵。大业十年（614）四月，隋炀帝第三次发动战争，高句丽国王遣使将头一年（613）叛隋投奔高句丽的斛斯政送还，隋炀帝班师还朝。但是高句丽国王却不按隋炀帝的命令入朝，不放回其俘获的大批隋朝军民，唐初使节到高句丽时看到大量当年被高句丽俘获的隋人"隋人望之而哭者，遍于郊野"。

三征高句丽给隋朝的统治带来了十分负面的影响。不

图 4-16　千古一帝——隋炀帝

怀念家乡，纷纷逃归。这时虎贲郎将司马德戡、元礼等与直阁裴虔通共谋，利用卫士们思念家乡的情绪，推宇文述的儿子宇文化及为首，发动兵变。杨广闻变，仓皇换装，逃入西阁，被叛军裴虔通、元礼、马文举等逮获。杨广欲饮毒酒自尽，叛军不许，遂命令狐行达将其缢弑，时年 50 岁，隋朝两代而终。

秦代和隋朝，都是短命王朝。虽然两朝君主都为制度的完善作出了突出的贡献，但却因暴政而最终被无情的颠覆。

“历史周期率”，是指世界上任何一个国家的政权都会经历兴衰治乱，往复循环呈现出的周期性现象。利益上的极端不公导致社会的崩溃，从而达到新的相对公平，周而复始。

中国的历史周期率问题，是 1945 年黄炎培先生在延安向毛泽东提出的问题。黄炎培先生问毛泽东同志，中国共产党能不能跳出历史上“其兴也勃焉，其亡也忽焉”的历史周期律。毛泽东同志回答说：行，这就是民主。只有让人民来监督政府，政府才不敢松懈。只有人人起来负责，才不会人亡政息。

“前事不忘，后事之师”。回顾历史，展望未来，今天的人类能否从长城历史已经见证过的王朝兴衰史中获得一些有益的启示呢。

仅严重损耗了隋朝的国力，亦造成了民不聊生，严重激发了阶级矛盾，最终导致了隋末农民起义的爆发。

前事不忘，后事之师，比喻人们应当牢记以前的经验教训，作为今后行事的借鉴。

钻木取火，指硬木棒对着木头摩擦生热而产生火种。钻木取火的发明来源于中国古代的神话传说。在远古时期，河南商丘一带是一片森林，在森林中居住的燧人氏，经常捕食野兽，当击打野兽的石块与山石相碰时往往产生火花。燧人氏从这里受到启发，就以石击石或钻木取火，用产生的火花引燃火绒，钻木取火开启了华夏文明的起源。

6. 长城文化是坚韧不屈众志成城的文化

远古时期，人们在适应自然中观察自然规律，于潮起潮落、东升西落中理解自然规律，在逐水而居、凿井而饮中顺应天时生存下来。通过不断努力，如燧人取火、大禹治水（图 4-17）、神农用药等，中国古人逐步适应并开始利用复杂的环境，顽强地发展繁衍下来。不仅如此，古人还通过口口相传或文人记载留下了很多的神话故事，如盘古开天（图 4-18）、女娲补天（图 4-19）、夸父逐日、后羿射日（图 4-20）、愚公移山、精卫填海（图 4-21），等等，都体现了中国人民对创造自然力量的崇拜和向往。

图 4-17　大禹雕塑

三皇五帝时期，黄河泛滥，鲧、禹父子二人受命于尧、舜二帝，任崇伯和夏伯，负责治水。

大禹率领民众，与自然灾害中的洪水斗争，最终获得了胜利。面对滔滔洪水，大禹从鲧治水的失败中汲取教训，改变了“堵”的办法，对洪水进行疏导，体现出他具有带领人民战胜困难的聪明才智；大禹为了治理洪水，长年在外与民众一起奋战，置个人利益于不顾，“三过家门而不入”。大禹治水 13 年，耗尽心血与体力，终于完成了治水的大业。

图 4-18 盘古开天

图 4-19 女娲补天

很久以前，宇宙混沌一片。盘古抡起大斧头，朝黑暗猛劈过去。黑暗渐渐分散开来，缓缓上升的东西，变成了天；慢慢下降的东西，变成了地。盘古怕它们还会合在一起，便头顶着天，脚蹬着地。这样，天和地逐渐成形了，盘古却累得倒下来。他呼出的气息，变成风和云；他发出的声音，化作雷声；他的双眼变成太阳和月亮；他的四肢，变成大地上的东、西、南、北四极；他的肌肤，变成大地；他的血液，变成江河；他的汗，变成雨露。

盘古开天辟地，成为中华民族崇拜的英雄。

相传远古时代，天塌地陷，世界陷入巨大灾难中。女娲不忍生灵受灾，于是炼五色石补好天空，斩神鳌之足撑四极，平洪水杀猛兽，通阴阳除逆气，万灵始得以安居。

女娲是中华民族母亲的象征，华夏民

图 4-20　后羿射日

图 4-21　精卫填海

族人文先始，福佑社稷之正神。她抟土造人，并化生万物，使天地不再沉寂，是古老相传的大母神。

相传夸父看到自己的族人被烈日所伤，就和族人说：我要去捉住它！结果在追逐太阳的过程中历尽千辛万苦，不幸渴累致死。

帝俊与羲和生了10个孩子都是太阳，他们住在东方海外，海水中有棵大树叫扶桑。10个太阳睡在枝条的底下，轮流跑出来在天空执勤，照耀大地。但有时他们也一齐出来给人类带来灾难。为了拯救人类，羿张弓搭箭，向那9个太阳射去。天空出现爆裂的火球，坠下一只只三足乌。最后，天上只留下1个太阳，人民因此将后羿誉为英雄。

中华文明始于夏商周时代，由神祇走向社会的禹、契、后稷逐步淡化了神性，成为与百姓共克时艰的精神领袖。三皇五帝（图 4-22）还肩负着血脉相承和民族认同的使命，自此以后炎黄子孙和华夏民族，成为民族团结统一的精神标识和牢固根基。这样的文化历经风雨沧桑，尤其是每当遭遇强敌、面临生死存亡时，中华民族和中国人民总会表现出和衷共济、守望相助、众志成城、携手前行的可贵品质，中华民族始终以团结统一的形象屹立于世界的东方、绵绵不绝。

相传精卫本是炎帝神农氏的小女儿，名唤女娃，一日女娃到东海游玩，溺于水中。死后的女娃化作花脑袋、白嘴壳、红色爪子的神鸟，每天从山上衔来石头和草木，投入东海，并发出"精卫、精卫"的悲鸣，好像在呼唤着自己。

图 4-22　唐人伏羲女娲像立幅

农耕文明的中国，是以勤劳勇敢、精耕细作、发明创造闻名于世，都江堰是化水患为福祉的典型案例。司马迁在《史记》中这样记载："蜀守冰凿离碓，辟沫水之害，穿二江成都之中。此渠皆可行舟，有余则用溉骈，百姓飨其利。"因为看了很多河流的奔涌状况，司马迁在谈到写作河渠书的动因时感慨："甚哉，水之为利害也！余从负薪塞宣房，悲瓠子之诗而作河渠书。"[①] 诸如郑国渠、都江堰（图 4-23）、京杭大

①〔西汉〕司马迁，著．史记·河渠书．顾颉刚，等，点校．北京：中华书局，2014.

图 4-23　都江堰

秦昭王后期（前276—前251），蜀郡守李冰总结了前人治水的经验，组织岷江两岸人民，修建都江堰。为有效管理维护都江堰的运行，设立了堰官、岁修制度。

都江堰是当今世界年代久远、唯一留存、以无坝引水为特征的宏大水利工程。它充分利用当地西北高、东南低的地理条件，根据江河出山口处特殊的地形、水脉、水势，乘势利导，无坝引水，自流灌溉，使堤防、分水、泄洪、排沙、控流相互依存，共为体系，保证了防洪、灌溉、水运和社会用水综合效益的充分发挥。它最伟大之处是建堰2250多年来经久不衰，而且发挥着愈来愈大的效益。

运河的开凿，诸如四大发明的创造，还有众多改天换地的伟大工程，都是中国古代劳动人民勤劳、勇敢、智慧的结晶。不同阶级间的斗争则是推动历史发展的直接动力，如果政治昏聩、贪腐盛行，百姓流离失所、惨死街头，社会动荡不堪，天子的统治就难以为继。这个时候，推翻旧制度就成为社会的潮流。

西周末年，持续了150年之久的旱灾，引发了疾疫，周幽王治理不力，东周取而代之。汉朝桓、灵二帝时期，战争频繁、人口锐减、土地荒芜、社会倒退，最终汉朝为晋朝取代。《晋书》记载："魏明帝太和元年秋，数大雨，多暴卒，雷电非常，至杀鸟雀。案：杨阜上疏，此恒雨之罚也。时天子居丧不哀，出入弋猎无度，奢侈繁兴，夺农时，故水失其性而恒雨为罚。"①其实，古代中国众多朝代发展的中断和灭亡，大都与灾疫深重、官府赈济不力，继而引起社会动乱有关。

进入近现代文明，现代工业的发展造成人类社会对自然界破坏力的极大增强，同时，大自然的惩罚也给人类带来了沉重的代价：围湖造田、毁林开荒、生物制剂、屠杀动物等引发生态失衡、气候变化、瘟疫流行，这在对地球生态造成严重破坏的同时，也给人类和地球上的其他生物带来了生存的隐患。正如恩格斯指出的那样："我们不要过分陶醉于我们人类对自然界的胜利。对于每一次这样的胜利，自然界都对我们进行报复。"②

近代史上中国遭遇了史无前例的人为战争和自然灾害，据不完全统计，从鸦片战争到中华人民共和国成立，中国遭受过西方国家482次侵略，英国割去了香港，日本侵占了台湾，沙皇俄国攫夺了中国东北、西北约150万平方千米的广袤领土。不计由外国侵略战争所造成的巨大破坏，仅支付战争赔款一项，中国就损失白银十几亿两，而当时清政府每年的财政收入不过

京杭大运河全长大约1794，流经京、津、冀、鲁、苏、浙二市四省，沟通海河、黄河、淮河、长江、钱塘江五大河流，是一条贯通我国南北水运的大动脉，迄今仍奔流在华夏大地上，依然发挥着航运、水利、南水北调、生态保护等功能，作为"活着的、流动着的人类遗产"，堪称中华文明的瑰宝、世界级古代水运工程。

1937年12月13日南京沦陷后，侵华日军于南京及附近地区进行了长达6周有组织、有计划、有预谋的大屠杀和奸淫、放火、抢劫等血腥暴行。遇难人数超过30万。

南京大屠杀是侵华日军公然违反国际条约和人类基本道德准则，是日军在侵华战争期间无数暴行中最突出、最有代表性的一例。

①〔唐〕房玄龄，等，撰．晋书·志：第十七章．北京：中华书局，1966.

② 马克思恩格斯选集：第4卷．北京：人民出版社，1995.

8000多万两白银。这还不包括西方国家的巧取豪夺和偷盗骗取的损失。据统计，光绪二年到五年（1876—1879），先是广东、福建、浙江、江西、湖南五省遭遇大水灾，同时山西、陕西、河南、山东出现大旱灾，北方的旱灾延续了三四年。北方数省的大旱灾中死亡的人数在900万到1300万人，仅山西一省在光绪三年（1877）一年间就有500万居民死亡。

中国历史上遭遇日本侵华战争造成的损失是重大的（图4-24）。在日本法西斯铁蹄下，中国大地宛如人间地狱，城市遭到轰炸，村庄遭到焚烧，父老兄弟遭到屠杀，母亲姐妹遭到蹂躏，大好河山惨遭践踏，中国军民伤亡多达3500万。1937年12月，日本侵略军在南京对中国同胞实施了灭绝人性的大屠杀，30万生灵惨遭杀戮，浩浩长江滚动着鲜红的血浪。这是人类文明史上骇人听闻的暴行。日本侵略军对中国人民发动了令人发指的细菌战、化学战，进行了惨无人道的人体活体试验。据不完全统计，

图4-24　抗战雕塑

日本军国主义发动战争造成的破坏及其对中国资源和财富的大肆掠夺，按照 1937 年的比价，造成中国直接经济损失 1000 亿美元，间接经济损失 5000 亿美元。

由此观之，中华民族的发展史，不仅是一部筚路蓝缕、玉汝于成的奋斗史，也是中华民族战胜灾难、抗击敌寇的成长史。

7. 长城文化是中西合璧互利共赢的文化

长城在推动中华文明与世界文明的交往中，曾发挥了重要作用。“丝绸之路”（图 4–25）这个概念，是 1877 年由德国地质地理学家李希霍芬提出来的。他在著作《中国》中将汉朝张骞通西域开辟中国与中亚、中国与印度间以丝绸贸易为媒介的这条西域交通道路，命名为“丝绸之路”。

图 4–25　丝绸之路

丝绸之路是汉代中国连接东西方政治、经济、文化交流的通道。历史上，以丝绸为代表的中国物资正式西传，要早于丝绸之路。在张骞出使西域之前，中原与西域及中亚、西亚等地的交往早已经存在。《左传·昭公十二年》记载了周穆王“周行天下”的故事，“昔穆王欲肆其心，周行天下，将皆必有车辙之迹”[①]。

司马迁在《史记·周本纪》和《史记·世家》中也有这方面记载。《史记·周本纪》载：“穆王十七年，西巡狩，见西王母。”东晋郭璞注释为“西王母者，西方一国君也”[②]。《史记·赵世家》对穆王西行记载就更详细一些：“造父取骥之乘匹，与桃林盗骊、骅骝、绿耳，献之缪王。缪王使造父御，西巡狩，见西王母，乐之忘归。”[③] 但大规模的输出和西方物资的引进，则始于西汉张骞。从这个时期开始，丝绸之路成为东西方有计划、有组织进行贸易的大通道。长城成为这条大通道的守护神，保障着丝绸之路的畅通。狭义的丝绸之路，指的是从古代的长安即今天的西安出发，在河西走廊经凉州、甘州、肃州至沙州段，基本上是一条不变的路线。从今天的武威，经张掖、酒泉、嘉峪关至敦煌，继续往西分为北、中、南三条路。

汉武帝派张骞凿空西域，沿河西走廊修筑长城，设置敦煌等河西四郡。张骞先后两次出使西域，打开了中国与中亚、西亚、南亚以至通往欧洲的陆路交通，从此中国人向西域和中亚等国出售丝绸、茶叶、漆器等产品，同时从欧洲、西亚和中亚引进宝石、玻璃器等产品。张骞被誉为“丝绸之路的开拓者”。司马迁称赞张骞出使西域为“凿空”，即“开通大道”。汉宣帝又设置西域都护府等管理机构，进一步保障了丝绸之路贸易交往的安全。西域的核桃、葡萄、石榴、蚕豆、苜蓿等十几种

陆上丝绸之路起源于西汉，汉武帝派张骞出使西域开辟了以首都长安（今西安）为起点，经甘肃、新疆，到中亚、西亚，并连接地中海各国的陆上通道。它的最初作用是运输中国古代出产的丝绸。

广义的丝绸之路还包括海上丝绸之路。“海上丝绸之路”是古代中国与外国交通贸易和文化交往的海上通道，海上丝绸之路形成于秦汉时期，发展于三国至隋朝时期，繁荣于唐、宋、元、明时期，是已知的最为古老的海上航线。

2014 年 6 月 22 日，中、哈、吉三国联合申报的陆上丝绸之路的东段“丝绸之路：长安－天山廊道的路网”成功申报为世界文化遗产，成为首例跨国合作而成功申遗的项目。

---

① 杨伯峻，编著．春秋左传注·昭公十二年．北京：中华书局，2016.

②〔西汉〕司马迁，著．史记·周本纪．顾颉刚，等，点校．北京：中华书局，2014.

③〔西汉〕司马迁，著．史记·赵世家．顾颉刚，等，点校．北京：中华书局，2014.

植物，逐渐在中原栽培。龟兹的乐曲和乐器也引入中原，丰富了汉族人民的文化生活。汉军在鄯善、车师等地屯田时使用的穿井术，习称“坎儿井”，在当地推广。中国蚕丝和冶铁术的西进，对促进人类文明的发展贡献甚大。东汉光武帝命班超出使西域，带去了先进的生产技术，带回了当地土特产。丝绸之路把西汉同中亚许多国家联系起来，不仅促进了民族团结，也大大加强了中华民族与世界各民族在政治、经济、文化和思想等方面进一步的交流和发展。

长城是中华文明的象征，它除了见证了中华民族从多元到一体的过程，更是通过中国古代各民族碰撞与融合的舞台，揭示出了中华民族具有人口众多、多元一体两大特点。这两大特点所蕴含的文化现象或许为中西合璧、互利共赢提供了一些有益的借鉴。

长城地区农牧民族的碰撞与交流，促进了中华各民族之间的融合，有利于多民族统一国家的形成和发展。从这个意义上说，长城地区在中国历史发展进程中具有特殊的地位。

汉代在开通丝绸之路的同时一直向西修建长城（图4–26），以保障这条东西方交往大道的畅通。古代的商旅从西方到东方，经千里戈壁，踏万里黄沙，风餐露宿，历经艰辛困苦。可以试想一下，如果没有长城的保护，骆驼商队再经常面对被抢被杀的危险，这条商路自然也就没有人敢走了。

了解丝绸之路也是认识长城作用的一个最佳的视角。万里长城与丝绸之路，在很多地方都有着密切的联系，甚至可以说长城与丝绸之路是完全一体的。在西汉，也就是张骞打通了这条通道之后，长城作为丝绸之路畅通的守护神，在丝绸之路的历史发展过程中所起到的作用是无可替代的。

长城和丝绸之路是相互依存的关系，长城是丝绸之路的安全保障，而丝绸之路的畅通则是修建长城所要达到的目的。通往西域的古代丝绸之路自河西走廊就与长城并贯东西。丝绸之路和河西长城几乎是并行延伸到新疆境内，历史上丝绸之路

坎儿井，是“井穴”的意思，早在《史记》中便有记载，时称“井渠”，而新疆维吾尔语则称之为“坎儿井”。坎儿井是荒漠地区一种特殊的灌溉系统，主要是用于截取地下水来进行农田灌溉和居民用水，广泛应用于中国新疆吐鲁番地区。坎儿井与万里长城、京杭大运河并称为中国古代三大工程。吐鲁番的坎儿井总数达1100多条，全长约5000千米。

图 4-26　甘肃敦煌寿昌城汉长城（董旭明摄影）

随长城的产生而产生，随长城的形成而形成，随长城的延伸而延伸，且自东而西，始终与长城结伴发展。

通过长城构建起来的秩序，实现了它既可以符合农耕经济利益也可以符合游牧经济利益的作用，使长城内外两个利益集团形成一个共同体。这里有三层意思：第一层意思是经济类型不同，农耕经济和游牧经济是两种完全不同的经济类型，不同类型所产生的不同优势可以互补；第二层意思是两种完全不同经济形态下生产生活方式完全不同的人对美好的追求都是一致的；第三层意思是前两种形态下产生的不同族群和政权虽然各有各的意识形态，但对更大利益的追求是相同的。

长城内外的冲突，主要是政权与政权之间的冲突。这种冲突应该说是以经济利益上的不满足为根源，因为两种完全不同的经济模式必然导致生产、生活方式不同的群体在供求利益上的需求不同，从而以一方侵掠或占有另一方的生产、生活资料的形式出现，这种非常强烈的冲突最后的表现形式就是军队与军队、政权与政权的冲突。而长城构建起来的秩序则起到了暂缓、减少或终止冲突的作用。

中华民族历代人都在建长城，其目的就是要构建一个长城两边的命运共同体。之所以要构建这个共同体，一个最基本的事实就是建设长城的时候，长城的两边还不是共同体。冷兵器时期只有通过长城的建立，才能形成一个和谐、正常发展的秩序（图4-27），这一点在长城和丝绸之路上体现得非常充分。

战争留给人们的除了恐惧还是恐惧，战争平息了，社会的安定和生产的发展才能促进经济的繁荣。物质的不断丰富，产生了进一步发展商业、文化交流的需要。长城守卫的交通大道，就自然变成了互通有无的经济文化交流大道。丝绸之路就在这样的条件下渐渐形成的。

2014年6月22日，在第38届世界遗产大会上，中国、哈萨克斯坦、吉尔吉斯斯坦三国联合申报的古丝绸之路，成功申报成为世界文化遗产，成为首例跨国合作、成功申遗的项目，丝绸之路再次引起国际社会的广泛关注。

历史上的长城，就是构建长城内外的共同体。长城文化的意义，在今天已经不仅仅是构建长城两边共同体那么狭隘，对于长城和丝绸之路，更应该从它们的历史价值，对现实的启迪去理解，这才是今天研究长城和丝绸之路的目的。

在长城之路数千年的行进中，中华民族曾有过辉煌也曾遭受了深重的灾难，是什么力量使她浴火重生，延绵不断地走上新的历程？这就是不同的历史条件下产生的不同文化观在起着特殊的重要作用，而长城则是产生和传承这种文化的重要载体。

图 4-27　长城目睹了千百年来和平岁月中百姓的辛劳与欢乐、战争时期的离乱与痛苦（董耀会摄影）

长城的存续，影响到了中华民族用中华文化的世界观去对待矛盾和冲突；用不同的手段、措施对待战争与和平。这才是“长城情”给予人类生死存亡、构建秩序、文明传承和发展的特殊礼物。

长城情是民族的情，它悟出了人类包容的道理；长城情是阶级的情，它体现了人类尊重的内涵；长城情是世界的情，它道出了国与国之间平等、互利、诚信、发展的模式。

地球是有限的，世界是有限的，人类生存的空间是有限的。然而，长城情却是无限的……

你是草原生存的命，你是农耕守护的神！

你是融合发展的路，你是文化前行的魂！

看到你的作用靠的是眼力，应用你的教训靠的是品格，

推广你的经验靠的是胸怀，接纳你的启迪靠的是智慧。

第五章

长城魂　沧海云天驻心间

《论衡·纪妖》中有“魂者，精气也”；《说文》中有“魂，阳气也”；中国古代把灵魂理解为能离开人体而存在的精神；今天的人们也把民族魂、国魂意喻为民族和国家崇高的精神。

长城之所以成为中国的象征，一个重要的原因就是长城悠久的历史和文化时刻在影响着中华民族的兴亡、融合、发展。长城在中国人民的心目中不只是一座宏伟的古代建筑，更是一种精神标识、一种精神的图腾。

长城魂，就是随着长城历史文化的产生、发展而逐渐形成支撑一个民族、一个国家凝聚人心、激励奋进、坚定信仰的精神。

《中国长城保护报告》将长城文化精神概括为三个方面：“长城蕴含着团结统一、众志成城的爱国精神；坚韧不屈、自强不息的民族精神；守望和平、开放包容的时代精神。”

《中国长城保护报告》2016年11月30日国家文物局在《长城保护条例》实施十周年之际首次发布。

“中国精神”是中华民族精神与时代精神的统一。

民族精神是指一个民族在长期共同生活和社会实践中形成的，为本民族大多数成员所认同的价值取向、思维方式、道德规范、精神气质的总和。

时代精神是时代发展的产物，是人类文明在每一个时代的精神体现。

长城存世了2000多年，古籍、史书中也记载了历代文人墨客感悟社会、感悟人生所写下的上千首诗篇，其中既有对长城发挥拒敌于国门之外的歌颂，也有对建造长城给人民带来深重灾难的控诉；既有对长城维护家园豪情满怀的讴歌，也有对长城周边发生战乱生灵涂炭愤怒的鞭笞；既有借用长城抒发壮志激情的感慨，也有许多流离失所的悲伤无奈；也更有一些贤达、圣人经过实践，挖掘、提炼、整理、归纳出了一些耐人寻味的警世名言。

对于新中国来说，长城是意志、勇气和力量的标志；是智慧、百折不挠、众志成城、坚不可摧的民族精神。国歌中“把我们的血肉，筑成我们新的长城”，诗句里“不到长城非好汉”、军队是“钢铁长城”，歌谣里“长城内外是家乡”（图 5-1）、“大好男儿光争日月，精忠魂魄气壮山河”的“铁血精神”等都是对长城所代表的中国精神的一种写照……

总之，长城以它物体的形态在历史的过往中给中华民族的文化注入了大量精神上的寄托和期待，其文化所蕴含的内容也是随着生活的变迁、时代的发展而提炼、聚集和反映出更多更新的精神状态，这些精神无时无刻地在时代的发展中发挥着其特有的作用。

千古长城屹人间，
留下真谛驻心田。
豪杰勇士今犹在，
精神不朽续新篇。

图 5-1　北匈奴西迁

一、十句古语蕴藏着中国精神的精髓

1. 中国胸怀

黄河落天走东海，万里写入胸怀间。

——唐·李白

诗人借用以波涛澎湃的水势比喻对人对事的“世界观”，在面对社会环境的险恶和人生道路的艰难时，要有“海纳百川、有容乃大”的情怀。黄河东走，是一种历史发展的趋势，不可扭转、不可阻挡，但是如果用大海一样的宽阔胸怀去应对，那就可以包容一切了。

这句话深刻地阐述了华夏民族接纳包容的情怀，才使得不同民族最终走到一起。

2. 中国品格

天行健，君子以自强不息；

地势坤，君子以厚德载物。

——姬昌

此句出自《易经》，为周文王姬昌所言，原意为人在世上生存，应当有天一样的活力，要永不停息地自我约束、发奋图强；要像大地一样宽厚朴实，用丰富的善举担负起应有的责任。

“自强不息，厚德载物”精辟地概括了中国文化在中华民族历经几千年时间的考验和兴衰变化中始终保持生机与活力的秘诀。

3. 中国操守

穷则独善其身，达则兼济天下。

——《孟子·尽心上》

人在不得志的时候更要洁身自好，要注重检讨自己，通过不断提高自己的修养知识，用良好的品德去赢得尊重；人在得志辉煌的时候，就要用实际行动把善举发扬光大。

诸葛亮青年时郊游贤士、躬耕南阳，坚持读书和思考，不断地提升自己修养，这就是“穷则独善其身”；诸葛亮出山后，始终不忘刘备“三顾茅庐”的知人善任之情，做到“鞠躬尽瘁，死而后已”，帮助刘备实现了“三分天下有其一”的目标，这就是“达则兼济天下”。

4. 中国思维

天地与我并生，而万物与我为一。

——《庄子·齐物论》

这句话的大意是，天地与我生活在一起，万物与我都是一体的。这里喻指人与自然是生命的共同体，应该和谐相处。这句话警示人类：人的存在和大自然的运作息息相关，当人类合理利用、保护自然时，自然的回报也是慷慨友善的；当人类粗暴掠夺大自然成果，盲目无序开采大自然的时候，必然也会遭到大自然无情的惩罚。人类对大自然的伤害最终会伤及人类自身，这是无法抗拒的规律，中国今天强调的“人类命运共同体”亦正是对这句话最好的诠释。

5. 中国立场

己所不欲，勿施于人。

——孔子

孔子所言指的是人应当以对待自身的行为为参照物来对待他人，人应该有宽广的胸怀，待人处事之时，切勿心胸狭窄。如果连自己都做不到的事情，为什么要强求别人去做呢？当今世界，人与人之间处理关系，国与国之间处理关系都应该应用这种原则来要求自己。这是尊重他人、他国，和平相处、平等待人的具体体现。

6. 中国气节

铁可折，玉可碎，海可枯，
不论穷达生死，直节贯殊途。

——汪莘

这句话节选于汪莘的《水调歌头》，原意：铁可以折断，玉可以破碎，海也可以干枯，不论面对的是失意还是得意，是生存还是死亡，刚直不阿的气节却要始终保持一生。这是典型“宁为玉碎，不为瓦全”忠坚气节的写照。这里喻指中华民族在面对任何困难时始终保持的那种坚韧不屈、自强不息的气节。

7. 中国抱负

先天下之忧而忧，后天下之乐而乐。

——范仲淹

句子的原意是：有些难以应对的问题，在天下人还没有考虑之前，你要先去思考一些解决的办法；在天下人都衣食富足、安享欢乐之后，你再去和他们一起分享快乐。在这里的寓意是：每个人要把事关天下大局的利益放在首位，要为人类共同的命运去担忧分愁；大家都衣食无忧地过上幸福生活，快乐自然就会来到你的身边。范仲淹（图 5–2）在《岳阳楼记》中写到的“先天下之忧而忧，后天下之乐而乐”揭示了一种大爱情怀。这种情怀在当今世界应对全球格局变化、经济发展缓慢、南北对立加剧、环境不断恶劣、疫情反复出现等复杂的问题都有着深刻的现实意义。

图 5–2　范仲淹塑像

8. 中国心态

千里家书只为墙，让他三尺又何妨。

万里长城今犹在，不见当年秦始皇。

——张英

安徽张吴两家因宅基地院墙发生争执，张家人为尽快结案，就千里飞书到京城，向时任宰相的张英求救，大概意思就是说吴家人想多占一墙之地，希望他帮助撑腰，处理好这件事。张荚收到信之后，没用权势压制吴家，而是大笔 ·挥，给家人回了这样的一首诗。家人见信羞愧难当，主动让出三尺。邻居吴家知道这个情况后，深感惭愧，也主动退后三尺，于是就形成了后来的“六尺巷”。这个故事有多种版本，有记载是北宋杨玢写有最早的“让墙诗”，也有记载是明末郭东野写过“让墙诗”。不管此诗是出自谁手，这个故事却说明了一个道理：在利益面前主动的退让会使棘手的问题迎刃而解，在生死面前为了争得蝇头小利又有什么意义呢？但愿“万里长城今犹在，不见当年秦始皇”的写照，能让世界上那些头脑还在发热的人有所领悟。

9. 中国理想

为天地立心，为生民立命，

为往圣继绝学，为万世开太平。

——张载

张载（图 5-3）这四句名言，被当代哲学家冯友兰称为“横渠四句”，原意是为了国家强盛要树立起奋发向上之心，为百姓的富足是一生努力的目标，因此，要传播、学习、继承那些还不被大家普遍掌握的知识和学问，为开创太平盛世打下良好的基础。“横渠四句”历代流行不衰的原因，就是因为这几句话反映了中华民族对人生追求的一种理想和抱负。但愿“为万世开太平”能警醒那些至今还蔽惑文明的当代人。

图 5-3　浙江省杭州万松书院北宋张载

10. 中国性格

富贵不能淫，贫贱不能移，

威武不能屈，此之谓大丈夫！

——孟子

这几句名言出自《孟子·滕文公》下，是孟子和他的弟子在谈论大丈夫时提到的几句话，原意是说真正的大丈夫富贵不能使他腐化堕落，贫贱不能使他改变志向，武力也不能屈服他的意志。孟子倡导的观点是：真正的大丈夫不应以权势论高低，而是时刻能在言行上稳住道德水准，面对富贵、贫贱、威武不同的人生境遇时，都能坚持原则。这几句话提出了当今世界做人的道德准则。保持本心，不被社会上的浮华所诱惑，注重提高自我道德素质，才能为社会的良好风气作出贡献。这些名言对当今树立正确的世界观、人生观、价值观都有着重要的警示作用。

历史上《苏武牧羊》（图 5-4）的故事，也充分说明了这一点。苏武奉命出使匈奴，匈奴首领胁迫他投降，先是用金钱、用享受引诱他，见不为所动后又罚他到极其艰苦的偏远地方牧羊，断绝他的饮食来源。苏武始终没有屈服，在匈奴被囚 19 年后最终返回到汉朝。

图 5-4　竹编苏武持节牧羊

能否抵御各种的诱惑和威胁，可以看出一个人是否具有坚定的意志。只有意志坚定的人，才能够义无反顾地向自己的目标迈进。

二、长城承载着中国精神的内涵

包容互鉴、尊重平等是“和平”“一统”的根基，刚柔相济、自强不息是“和平”“一统”的主旋律。中国精神包含着阳刚与阴柔两个层面。一阴一阳，刚柔相济，构成了中国精神的两个层面，并塑造了中国国民的基本人格模式。《易传》谓：“天行健，君子以自强不息；地势坤，君子以厚德载物。”自强不息，乃是中国精神固有的超越性，显示出刚健有为、勤劳勇敢、积极向上、坚韧不拔的精神品格及其生命意志，而忧国忧民、治国平天下及精忠报国，则是中国精神超越性的外化与具体表现。厚德载物则蕴含着中国精神固有的内在性，表现为天人相通、民胞物与的本体观，同时拓展为诸如应时守势、虚一而静、德性修持、内圣之道，以及为己之学等人生观与价值观。这样的内在性，亦包含着对国家民族的大爱与关切，更不是西方传统的虚无主义与犬儒主义。

中国精神的两大核心内涵为“和谐”与“中道”。中国精神推崇“和谐”，表现为天人间的和谐（所谓“天人合一”）、人与自然的和谐（图 5-5）、人际间的社会和谐、人与自我的人格和谐，也表现为民族与国家间的政治和谐，中国传统所信奉的正是和平主义，孔子的大同理想即表达了这一理念。改革开放以来，从和平与发展是当今世界两大主题，到和谐社会、科学发展观以及中国和平崛起的思想及其实践，均向世界明确传达出和平主义的发展观念。当然，“和谐”是有前提的。

其一，是整体的团结与合作。和谐是整体的有机化、组织化以及整体效能的最大化，因此，中国形成了集中力量办大事的传统，也特别推崇集体荣誉感，在现代世界尤其表现为国家荣誉及其国家认同。

其二，“和谐”乃多样性的并存与互补。所谓“和而不同”，整体的团结与合作不是抹掉个体，恰恰是通过个体的努力并让个体分享整体的效能及其荣誉，所谓一荣俱荣、一损俱损，中国精神同样强调个体，但并不因此丧失整体性。

其三，和谐是有主体性的。是主体的自立、自信与自强，因此绝非无原则的妥协与退让，更不是示弱。

“中道”源于佛家，但更多的还是指儒家“执两用中之道”，这是颇具生活与实

图 5-5　长城是人与自然和谐统一的体现（黎雪绘）

"执两用中"是儒家"中庸"的方法论，告诉人们要在生活、工作中，处人处事，治家治国，把握好事物矛盾的两个方面，认识和处理好矛盾双方的相互对立、相互依存、相互转化的辩证关系，认识并把握好事物存在、发展、转化的分寸、火候，即"度"。在这里的意思是：在处理复杂问题时，要注意听取各种不同的意见，通过对正反意见的全面考查，采取比较客观和稳妥的方式加以实行，而不是走偏激过激的路线。

践智慧的价值，中道意味着在各种复杂多变的矛盾关系中寻求并建立相应的沟通与协调机制，进而在开放的环境中保持系统的稳定与平衡。中道使中国精神显示出非凡的平衡力与弹性，中道智慧使传统之演进与嬗变不离基本伦常法则，也是协调人际关系包括国与国关系的基本理念。中道其实是平和而高明的生活方式、人生态度与生命境界，其现代价值也正日益显现出来；中国精神秉持变化与流动的生命观，不承认绝对不变的实体，而是主张世界的生成变化，从宇宙万物到族群人伦，从自然系统到人的教化系统，从形上之道到形下之器物，从生命本体到社会文化及其解释，都处于不断运动变化并遵循运动变化的辩证法则。大化流行，生生不息，日新月异，气象万千。运动变化不是盲目的，而是以善与和谐为目的的。运动变化也不是封闭组织的自主运动，而是富于活力的不断创造及创新。中国传统特别注重于阐发创新精神，所谓“周虽旧邦，其命维新”①，所谓“富有之谓大业，日新之谓盛德，生生之谓易”②，所谓“苟日新，日日新，又日新”③，正是依靠持续不断地生成、创新与转化传统，中华文明方得以绵延数千年，成为世界上唯一没有中断过的文明。在现代复兴的过程中，中华民族面对各种艰难困苦和复杂局面，勇于担当、革故鼎新、披荆斩棘、攻坚克难，持续推进中国传统，包括中国精神的现代转化。共同的华夏认同，卓越的包容性与涵摄力，中华文明以及中华民族多元一体的格局，是境内诸民族、地域文化以及宗教传统长期交流、融合的结果。长期的历史，形成了朴实而深刻的爱国主义精神，中华传统中的爱国主义精神，是对大一统国家的爱戴与忠诚，其实质是对漫长历史中形成的中华民族文化传统及其疆域空间的认同与守护意识，由此形成了中华民族强大的凝聚力与民族团结传统。

周虽旧邦，其命维新，意思是周虽然是旧的邦国，但其使命在革新。

“苟日新，日日新，又日新”，意思是如果能够一天新，就应保持天天新，新了还要更新。比喻从勤于省身和动态的角度来强调及时反省和不断革新，加强思想革命化的这一关键行为。

“文起八代之衰”是指在东汉、魏、晋、宋、齐、梁、陈、隋等八个朝代中，骈文（一种重形式轻内容的文风）盛行，而后逐渐衰落。这句话出自苏轼对韩愈的赞誉，赞扬他在倡导古文运动、复兴文风方面的历史功绩。

1. 中国精神具有卓越的包容性与涵摄力

中国精神能吸纳或兼容一切外来的民族精神及文化传统。事实上，中国文化传统长期以来在保持自己的独立性的同时，一直就在通过不断欣赏和学习外来文化，吸收其精华，进而成就了华夏文化海纳百川、雍容大度的传统，并在今日全球时代形成更加积极的作为与贡献。“中国精神”具有理想高远、紧贴实际、科学理性、人文关怀等鲜明特点，从根本上体现着人类世界的追求目标，是人文精神不可或缺的重要组成部分。

“凡作传世之文者，必先有可以传世之心。”韩愈之所以被列为唐宋八大家之首，“文起八代之衰，道济天下之溺”，就在于他以文载道。范仲淹的“先天下之忧而忧，后天下之乐而乐”、林则徐的“苟利国家生死以，岂因祸福避趋之”，之

① 高亨，注．诗经今注·大雅．上海：上海古籍出版社，1980.
② 刘大钧，林忠军，著．易传全译·系辞上．成都：巴蜀书社，2006.
③〔宋〕朱熹，撰．四书集注．成都：巴蜀书社，1986.

所以至今仍释放出深沉的感召力，就在于其中所蕴含的爱国主义情怀历经千百年而不变。如何使人们增强道德判断力和道德荣誉感，向往和追求讲道德、尊道德、守道德的生活？唯有把握和遵循挖掘、弘扬中华优秀传统文化的规律，培育植根中华优秀传统文化的土壤，坚持古为今用、洋为中用、开拓创新，中国精神才能感染人、滋养人、引领人，也才能在世界文化激荡中站稳脚跟，才能为人类更好发展繁荣贡献力量。几千年来，中华民族能够生生不息、薪火相传，根本就在于中华民族有一脉相承的精神追求、精神特质、精神脉络。相信中国精神也一定会被世界上越来越多的人所共识、所认可。

“苟利国家生死以，岂因祸福避趋之”，出自林则徐所作《赴戍登程口占示家人》一诗。该句化用春秋政治家子产的“苟利社稷，死生以之”一语，意思是只要对国家有利，即使牺牲自己生命也心甘情愿，绝不会因为自己可能受到祸害而躲开。

2. 中国精神是动态发展、应运而生、与时俱进的

既能继承传统的美德，又能吸纳外来的精髓，特别是根据实际情况应运而生，与时俱进，这也是“中国道路”“中国模式”“中国智慧”“中国理念”“中国经验”不断完善的关键所在。

“中国精神”不仅是中华民族的精神财富，也是全人类精神宝库中的重要内容。“中国精神”是世界观方法论价值体系中的丰厚资源，是一种具有亲和力、凝聚力、创造力的精神力量。这种精神所黏合的力量可以消除误解、转化矛盾、化敌为友、利益共享。这种力量的传承和弘扬就是一部新中国的发展史，井冈山精神、长征精神、延安精神、西柏坡精神见证了新中国的成立，铁人精神、航天精神、特区精神、雷锋精神、焦裕禄精神又践行了新中国推动文化科学发展、建设美好富强祖国的全过程。而“人类命运共同体”“一带一路”也正是中国通向世界和世界认知中国的桥梁纽带。这些力量生动地诠释了“中国精神”的真谛，谱写了一曲曲“中国精神”的动人乐章，铸就了一座座“中国精神”的不朽丰碑。

3. 自觉、自立、自信为“中国精神”注入时代元素

一个前进的时代，总有一种奋发向上的精神；一个发展的民族，总有一种积极进取的意志。时代精神是时代发展的产物，是人类文明在每一个时代的精神体现(图5-6)。时代的发展振奋了中国人的精神风貌，促进并实现了“中国精神”的不断充实和完善，将“中国精神”的发展推进到一个新的阶段。

中国智慧、中国气概、中国现象、中国发展、中国模式、中国特色是“中国精神”在新时代的重要体现。建设中国特色社会主义，走中国特色社会主义道路是从来不拒绝学习别人长处的。

坚持中国特色的社会主义，就是要在时代的发展中时刻意识到我们是一个人口众多的发展中国家，在很多领域还需要不断地向别人学习、请教而不孤芳自赏；就是要在大是大非面前，坚持自己的方向、道路而不卑躬屈膝；就是要在国际交往的过程中坚持自我、亮明态度、以诚待人、不越底线，以积极、向上的姿态展露自己的风采。

图5-6　平型关背后的故事体现了中国精神（刘伯务绘）

三、长城精神体现着中国文化的价值观

1. 长城见证了政权兴亡的周期

从公元前 221 年秦始皇一统六国、建立中央集权制到 1912 年清帝退位，2133 年王朝统治年间，总逃不过盛衰兴亡的历史周期律。

西方学者加布里埃尔·马丁内斯·格罗斯在著作《历史上的大帝国》一书中提及伊本·赫勒敦学说，这一学说认为帝国与人一样有着生命力，其存在有着规律性的周期运转，一个王朝的年龄在多数情况下，超不过三代人的年龄。

这个规律简单来说，分为三个阶段。第一代人，因为沙漠中艰难的生活环境，保留着沙漠游牧人粗犷野蛮的性格，扩张中形成国家，建立起庞大帝国。第二代人，因为有了权力，从沙漠搬到条件优渥的城市生活，利益分配中出现独裁者，矛盾出现，整个国家的高层开始堕落，失去进取心。等到了第三代人，完全忘记了曾经艰苦奋斗的岁月，生活腐化，纸醉金迷，成为国家的负担，自卫能力下降，某一天外敌来临或者内部斗争，国家覆灭（图 5–7）。格罗斯宣称，“这一学说同样适用于中国古代王朝”。

图 5–7　商汤灭夏浮雕

这种学说的理论虽然有些公式化，但还是有着一定的借鉴意义。

国内有学者认为，对比中外各大帝国，中国古代王朝的周期律大致可以分为兴起、统一、守成、中兴、扩张、衰落、灭亡这7个阶段（并非所有王朝都会走完整个周期），中外古代王朝最大的区别在于，中国历代王朝初期都有着统一全国的强烈意愿，兴起阶段可能会持续几代人，如清王朝历时三代人，或如强汉盛唐大明一代人完成从兴起到统一扩张。当王朝成功实现统一全国的伟业后，一般的中央王朝随即进入守成、中兴、扩张、衰落、灭亡阶段。在这个阶段中，休养生息、靖平边境、建立屏障、对外扩张、外族入侵、天灾人祸等都有可能发生，其对统一的中央王朝的守成、中兴、扩张、衰落、灭亡五个阶段的相互依托、互相转化的关系产生重要甚至是决定命运的影响，转化的结果体现在哪个阶段的时间或长或短上，最终，又再一次实现了分裂中的统一。

2. 长城见证了政权扩张的规律

秦帝国在帝国的扩张中直接走入灭亡，两汉时期西汉与匈奴的百年厮杀争雄，东汉时期对匈奴、羌乱的镇压，两汉时期对河西、西域、西南边陲的经营贯穿着王朝统治的始末，可以说秦汉时期王朝始终处于一种向外扩张的阶段。

国恒以弱灭，而汉独以强亡。秦汉是特殊的，是整个民族的经验和教训。

汉末分三国，魏蜀吴归晋，西晋再次实现统一全国，至于这个王朝短短半个世纪，不说也罢。南北朝270多年的乱世终于在隋文帝手中终结，隋王朝两代而亡，其实隋朝的灭亡也是在扩张中走入覆灭，隋炀帝对于高句丽的三次征伐，其实本质上都是在构建王朝屏障。

随着安史之乱的爆发，唐帝国的扩张在安史之乱后终结，国力衰落，势力内缩，随着地方节度使作乱，王朝权力失控，

明正德（1517）十二年十月，蒙古鞑靼部落首领小王子再次率5万人（号称）进犯明朝边境，正遇上明武宗朱厚照出关巡边，遂调集长城一线的军队参与作战，于是应州之战正式打响。整个战事持续了好几天，最终以小王子败退告终。这场战役使得明帝国北方边境暂时安定了一段时间。

在明神宗万历二十年到二十八年（1592—1600）的8年时间里，明王朝分别开展了平定蒙古人哱拜叛乱的宁夏之役、平定日本丰臣秀吉入侵朝鲜的朝鲜之役，以及平定贵州土司杨应龙叛乱的播州之役。

唐王朝的中央政府都无法弹压。

两宋的领土似乎一直在缩水，各方势力都敢来咬上一口，年年岁币上贡。从宋太宗两度北伐兵败之后，对外领土上的扩张停止，转为经济上隐性扩张，进入守成、中兴阶段。

大明王朝的扩张，明太祖八次北伐，明成祖五次北伐，亲征蒙古，征服安南，郑和七下江南，大明王朝的扩张来得轰轰烈烈，赢得万国来朝的盛况。然而随着一场“土木堡之变”的惊天变故，开国功勋几乎全军覆没，武将势力遭到惨烈打击，明帝国结束扩张，进入守成阶段。尽管如此，成化帝犁庭扫穴、正德帝应州大捷、万历三大征等对外扩张和稳定边境的大规模军事行动，也只是勉强维系着帝国的统治。

3. 长城见证了王朝守成的结果

秦汉时期，军功爵制下王朝有着对外扩张的现实需求，但随着贵族群体的急剧增多，世家大族、地方豪强的崛起，土地被兼并，集中到这些豪强世家手中，中央王朝手中掌握的可分配的土地变少，四面八方能够开发的已然尽数纳入中央王朝的统治范围内，扩张停止，秦汉赖以维持统治的军功爵制崩溃。

纵观秦汉之后的历代王朝，在王朝开创的初期尚且还有着开荒的雄心壮志，可是两三代人之后，这种雄心便在日益奢靡的生活中磨灭，守着所谓的祖宗基业，躺在祖宗的功劳簿上舒舒服服地享乐，成为一个王朝发展最大的蛀虫！

大唐帝国从安史之乱到覆灭，走了152年，人们印象中只记得盛唐繁华，却往往忽视了盛唐之后落寞的结局，宰相当街遇刺身亡、藩镇割据、牛李党争、甘露之变、沙陀契丹等国的崛起，这些历史大事件的背后往往都是大唐流不完的血泪，这段时间是唐帝国失去扩张动力和能力后的守成时光。

北宋从宋太宗雍熙北伐到北宋灭亡，走了141年。明王朝的情况有点复杂，土木堡之变精锐尽失，武将势力几乎全军

牛李党争，通常是指唐代统治后期的9世纪前半期以牛僧孺、李宗闵等为领袖的牛党与李德裕、郑覃等为领袖的李党之间的争斗。斗争从唐宪宗时期开始，到唐宣宗时期才结束，持续时间将近40年。牛李党争是唐朝末年宦官专权、唐朝腐败衰落的集中表现，加深了唐朝后期的统治危机。

唐太和九年（835），27岁的唐文宗不甘被宦官控制，以观露为名，将宦官头目仇士良骗至禁卫军的后院欲斩杀，被仇士良发觉，双方激烈战斗，结果李训、王涯、贾餗等朝廷重要官员被宦官杀死，其家人也受到牵连而灭门。在这次事变后受株连被杀的一千多人，史称“甘露之变”。

覆没，文官集团进入守成阶段，可是皇帝还想着挣扎一下，于是有了成化的犁庭扫穴、正德的应州大捷、万历三大征等。到嘉靖即位大礼仪之争消磨了年少的激情，长期的寻仙问道早已没了进取之心，整个国家转入守成阶段。若从嘉靖即位算起，也只有 122 年的时间。清王朝从嘉庆即位转入镇压地方开始算起，走了 116 年。除去明王朝土木堡之变这个异数外，其实历代王朝真正丧失对外扩张动力后，能够支撑王朝统治的时间不过 120 年左右的时间，最长也不过 150 年。

由此可以推测，当一个王朝失去扩张之心，转入守成阶段，王朝的生命不过 120 年左右的时间。

4. 长城见证了历史的终章

中国古代的先民们深知，土地是最大的财富，人身与土地绑定后，土地不仅仅是财富的象征，更是一个家庭温饱的保障。王朝扩张时期，土地或多或少地都能够增加，中央政府手中有多余田地分配给流民，安抚民心，国家平稳度过一次又一次的天灾人祸。

当王朝转入守成阶段，人口爆炸式增长，权力阶级固化，地方豪强趁势崛起，削弱中央统治能力，土地愈发的集中化，兼并不可避免地发生，当中央手中无地、国库又空虚之时，改朝换代也就是情理之中的事了。其实同样的道理，当代美国人将财富寄托在一张绿纸之上，诸多人在城市化的浪潮中失去土地或者本身是外来移民就没有土地，收入来源于工资。当美国上层的富人通过各种垄断手段收割底层百姓的财富之时，一场财富兼并战争便已经打响。或许在不远的未来，美国的霸权帝国都将进入集中的守成阶段，随后就会开始进行激烈的内部竞争，以致造成社会发展过程当中的停滞现象层出不穷，最终走向失败或灭亡。

中国历朝历代的亡国危机中有着最为致命的两点：其一在于外部敌对势力的入侵，其二是内部贫富差距悬殊化。一内

宋真宗景德元年（1004）秋，辽朝萧太后与辽圣宗亲率大军南下，深入宋境。宋真宗打算避敌南逃，因宰相寇准的力劝，才至澶州督战。宋军坚守城镇，又在澶州（河南濮阳）城下以八牛弩射杀辽将萧挞凛。后双方议和，订立和约：辽宋约为兄弟之国，宋每年送给辽岁币银 10 万两、绢 20 万匹，宋辽以白沟河为边界。此后，宋辽两国百年间不再有大规模的战事，礼尚往来，通使殷勤，双方互使共达 380 次之多。因澶州（河南濮阳）在宋朝亦称澶渊郡，故史称“澶渊之盟”。

一外，严重威胁着一个王朝的生命力。

贫富差距悬殊化，轻则撕裂社会，形成对抗，国家失去凝聚力，变成一盘散沙。重则武装对抗，政府权威丧失，最终倒在了永远扑不灭的烽火之中。

还是那句话，身处历史正在进行时的迷雾之中，总是有太多不一样。且过一段时间后，再观之，却又能看到诸多相似之处。是也好，否也罢，历史摆在那里，长城就在那里，相信它会见证一切的历史必然。

朱厚熜15岁时，以藩王身份继承皇帝位。从明正德十六年（1521）到嘉靖三年（1524），以杨廷和为首的旧阁权集团，同张璁等新进士大夫之间，围绕着当时“继统”与“继嗣”的礼仪形式所进行的“大礼议”之争，前后经过三个回合，最后以张璁等人的主张得到采纳而告终。

四、长城倡导着中国精神的意义

1. 长城保障了中华民族的繁衍生息

秦统一中国后，废弃魏长城、赵南长城、楚长城和齐长城，并在战国时期秦、赵、燕三国长城基础上，于短短 15 年间连接了赵北长城、燕长城。

从此，中国第一次有了“万里长城”的概念。汉朝建立后，弃用原秦长城部分，在燕赵长城基础上继续向西，把秦万里长城的燕国、赵国部分连接起来，又经敦煌、阳关、玉门关直至西域修筑汉长城。1000 多年后的明万里长城则又被称为边墙，它东起鸭绿江畔虎山、西至居庸关，以北齐、北魏、秦、汉、隋时期的长城为基础，另外还修建了祁连山东麓至嘉峪关部分。

某种程度上说，长城就是一种国家治理秩序，使各民族可以在其关口里自由交易（图 5-8），而不是通过战争相互掠夺。长城的修建，对中华民族的繁衍生息，对中华文化的发展兴盛具有重要作用，它见证和推动了中华民族多元一体格局的形成、发展。

长城是民族迁徙交往、彼此融合的见证。2000 多年来，各民族的大迁徙、大融合从未中断过。汉武帝时期，随着疆域的扩大，为加强对边疆的治理，多次移民兴边，最多时从中原迁徙 70 多万人到边疆地区。明朝也多次从江南移民来守卫长城。最初，守城者只在长城以内的土地上耕种。慢慢地，长城两边的各族百姓通婚越来越普遍，逐步形成了长城两边皆故乡的局面。可以说，长城从某种角度上呈现了一种血缘关系——民族大融合的成效。

燕国是公元前 11 世纪周王朝分封的诸侯国之一，姬姓，开国君主是召康公姬奭，建都于蓟（今北京城西南隅）。燕昭王时又建新都于武阳（今河北易县东南），是为下郡。燕国位于今河北北部和辽宁西端，幅员广阔，南与齐国、赵国相接，北与东胡等游牧民族毗邻。据历史文献记载，为了防御邻国的进攻，燕国共筑有两道长城，一道是南长城，一道是北长城。

图 5-8　山西镇北台是长城沿线最大的敌台，目的是保护互市的有序进行（董旭明摄影）

2. 长城是民族脊梁，是兄弟间的院墙

中华民族辽阔的疆域是各民族共同开拓的，悠久的历史是各民族共同书写的，灿烂的文化是各民族共同创造的，伟大的精神是各民族共同培育的。长城就是在这些“共同”中成长起来的。

作为人类有史以来历时最久远、规模最庞大的建筑体系，作为我国现存体量最大、分布最广的世界文化遗产，长城以其上下两千多年、纵横上万里的跨度，铸就了博大精深的文化内涵和跨越时空的精神价值。虽然长城见证过刀光剑影、烽火连天的峥嵘岁月，但中原农耕文化与草原游牧文化、山地渔猎文化的交流交融始终是主流。

长城体现了中华民族保卫疆土、热爱和平的不懈追求。各兄弟民族共修长城、共护长城，都为形成、巩固和发展统一多民族国家作出了贡献。漫长岁月里，除了汉族修建以外，很多民族，包括辽、金、元、清朝代的各个北方民族入主中原时期都曾修筑过长城。

北魏（386—534）是鲜卑族建立的政权，曾大规模修筑长城，长 2000 余里。北齐（550—577）是鲜卑族建立的政权，共 6 次修建长城，合计 5000 余里，如今山海关、黄崖关、山西吕梁等处均有其遗迹。隋朝（581—618）是汉族与鲜卑族共建的政权，共 5 次修长城，“东至黄河，西距绥州，南至勃出岭，绵亘七百里”。到了北宋（960—1127），中国历史处于宋、辽、西夏、金的割据时代，宋王朝不再修筑土石长城，转而自保定以北至海河口一线连接水网，修建了一条其深度既无法行船又无法徒涉的“水长城”，并在沿线筑起一批城堡。金朝（1115—1234）是由女真族建立的统治中国北方和东北地区的王朝，其修建的金长城（也称金界壕），长约 5500 千米。由此，少数民族政权修建的长城已达上万千米。清朝（1636—1912）沿用历朝长城，曾有过康熙（图 5-9）的“不修边墙”令，但实际上，清长城在明长城的基础上，拆掉了辽宁境内的长城，在新疆则沿用汉、唐军事设施，又新建了颇具规模的长城，其范围包括丝绸之路新疆沿线、淮河以北所有省份，尤以黄河之北最为密集。

回顾修筑长城的漫长历史，可以清楚地看到，长城是中华各民族共同创造的产物，堪称兄弟之间的院墙。

2019 年 12 月，中共中央办公厅、国务院办公厅印发《长城、大运河、长征国家文化公园建设方案》，明确了“长城国家文化公园，包括战国、秦、汉长城，北魏、北齐、隋、唐、五代、宋、西夏、辽具备长城特征的防御体系，金界壕，明长城。其

图 5-9 清圣祖真像（清姚文翰）

中涉及北京、天津、河北、山西、内蒙古、辽宁、吉林、黑龙江、山东、河南、陕西、甘肃、青海、宁夏、新疆 15 个省区市”。这中间，北魏、北齐、西夏、辽具备长城特征的防御体系和金界壕都是少数民族政权修建的长城。

这个方案第一次明确将兄弟民族所修建的具有长城特征的防御体系都归纳到长城概念中，极大地丰富了长城的内涵和外延，在中华文明史上具有重大意义。

其实，对长城的概念应该予以系统认识。历朝历代都在修建和沿用长城，它属于层累性的历史建筑，是一个不可分割的整体，只认为长墙是长城，而忽略了成串的戍堡和烽燧也是长城体系中的一员，是对长城认识的初级阶段。只有将长城看作是一个层累性建筑并持续使用的整体，才能更深刻地理解万里长城对于中华民族的长远价值和重大意义。

3. 长城是中华民族共同体意识的培育主体

正是在长期不断修筑的过程中，万里长城逐渐成为中华民族多元一体和中国大一统的象征。

长城能够增进文化认同、汇聚民族力量，形成各民族同呼吸、共命运、心连心的强大精神纽带，铸牢中华民族共同体意识。

维护和发展统一的多民族国家，始终是中华民族2000多年来高于一切的政治理想、精神寄托和道德情感，始终是社会历史发展的主流。长城南北的文化信仰相互认同，各民族之间的和合始终是大势。守长城供关公（图5-10）、攻长城供孟姜女，早已形成根深蒂固的民俗。长城关口内信奉儒释道三教，关帝庙宣扬忠义，孔庙、魁星楼和文昌阁宣化国家秩序，整体上都倡导友好和平；长城关口外也修孟姜女庙，意欲打破藩篱……这样的举动，体现着各民族对中华民族、中华文化的深刻认同。

长城文化是一种外在物化现象，又是一种社会历史现象，更是由中华民族长期创造形成的特有的精神遗产。从物质到精神，长城文化凝结于建筑之中，又游离于建筑之外，传承和弘扬于中华民族的价值观念、生活方式、行为规范、艺术作品和科学技术之中。

图5-10　山西忻州旧县关帝庙壁画（张弘明摄影）

4. 长城是中华民族精神的象征

从 1935 年毛泽东率领红军长征，在六盘高峰上抒发革命豪情，展望革命前景，写出“不到长城非好汉”的名句，到领导红军最终走向长征的胜利之路；从 1935 年聂耳《义勇军进行曲》中的“把我们的血肉，筑成我们新的长城”（图 5-11）到 1984 年邓小平、习仲勋号召“爱我中华、修我长城”掀起爱国活动热潮；从弘扬中华优秀传统文化理念的确定到习近平视察宁夏时提出要大力弘扬“不到长城非好汉”的精神，走好向“两个一百年”奋斗目标迈进的新长征路；从保护长城法规的建立到建设长城国家文化公园……长城已然成为中国人民高扬的精神旗帜。

图 5-11　战斗在古长城上（1938 年沙飞拍摄于涞源浮图峪）

长城，凝结着中华历代各族人民的心血和智慧，积淀着中华文明博大精深的内涵。作为中华民族自强不息、众志成城的象征，长城承载着中华民族太多的文化记忆与道德情感。

长城魂就是中国的民族魂，是中国精神的真实写照。这种精神因长城的存续而不断地拓展，它产生影响的意义却永远大于长城本体在人类历史上的作用。

爱因斯坦曾经说过："在物质的尽头屹立着精神。"

长城曾经是物质的，它也正如爱因斯坦所说的那样，尽管它以"中国古代军事防御体系""世界文化遗产"物质的形式呈现在世人面前，但随着其历史作用的实践和历史文化的聚集所生成的精神力量是这个世界上任何其他物体都无法替代的。长城用自身的品质、性格、实践，体现了长城精神在中国和世界上的地位。

长城魂是因长城存在而生成的在"物质和意识"方面的价值；

长城魂在有形和无形之中为中华民族产生了特有的、强大的力量，用以支撑中国人民对理想和信念的追求；

长城魂的生生不息，为中华民族的生存、发展提供了"逢山开路、遇水搭桥"的信念；

长城魂将会在世界语境中表述和传达出中国人的觉悟和智慧。

长城精神是一种生存理念，
长城精神是一种历史积淀。
长城精神是一种发展探索，
长城精神是一种文化凝练。
长城精神是一种责任担当，
长城精神是一种家国情怀。
长城精神是一种信仰追求，
长城精神是一种使命实践。

第六章

长城韵　玉质金相清韵绝

韵字在《文心雕龙》中有“同声相应谓之韵”之释，本意是指和谐悦耳的声音；在现代汉语中又加入了“情趣、意味、风度”之意。

长城韵——就是长城在中国历史过往和文化的行程中所发出的和谐悦耳的声音，这些和谐悦耳的声音充满着哲理、情趣，意味深长，无时不体现着长城赋予人类的觉悟和智慧。

长城韵是长城风、长城路、长城根、长城情、长城魂的终极乐章；它更像一首旋律动听的歌、一首激情感人的诗，在地球上随风而至、随路而行、随根而长、随情而入、随魂而生……

长城之韵——诚信是人类生存的基因；
长城之韵——尊重是人类发展的保证；
长城之韵——包容是人类和谐的根本；
长城之韵——秩序是人类前行的依托；
长城之韵——互利是人类竞争的准则；
长城之韵——平等是人类祈盼的文明；
长城之韵——担当是人类共有的责任；
长城之韵——和平是人类追寻的目标。

《文心雕龙》是中国南朝文学理论家刘勰创作的一部理论系统、结构严密、论述细致的文学理论专著，成书于南朝齐和帝中兴元、二年（501—502）。全书共10卷，50篇（原分上、下部，各25篇），以孔子美学思想为基础，兼采道家，认为道是文学的本源，圣人是文人学习的楷模，“经书”是文章的典范。把作家创作个性的形成归结为“才”“气”“学”“习”四个方面。

一、长城赋予着世界大同的理想

长城产生于春秋战国时期，这是中国历史的大变革时期，各种学派蓬勃发展，形成了百家争鸣的局面，诞生了老子、孔子等著名思想家。“世界大同，天下为公”是孔子提出来的：“大道之行也，天下为公。选贤与能，讲信修睦。故人不独亲其亲，不独子其子，是故谋闭而不兴，盗窃乱贼而不作，故外户而不闭，是谓大同。”[①]儒家认为大同就是指生产资料共有，人们之间没有等级差别、没有剥削压迫、平等和睦相处、各有所得所乐。道家学派的创始人老子则为其理想中的社会设计了一幅没有欺压、人人平等、人人劳动，人人“甘其食，美其服，安其居，乐其俗”[②]的大同理想蓝图。可见无论儒家、道家或其他学说对大同世界的解读，前提是必须能和平共处。“长城作为军事防御工程，不是为打仗修建，而是为不打仗而修建的。”可以说，长城就是在这种思想碰撞下，为了和平应运而生。

秦国在体现这一主导思想上最具代表性：秦从秦孝公、秦惠文王一直到嬴政，七代明君，每一代都十分重视有才之士，经过一百年的发展，统一了天下。从统一天下后，就紧接着开始修建长城，作为中国第一个大一统的政权，也因长城而名扬四海。之后，汉承秦制。不仅修建了中国最长的长城，汉武帝时期还以“罢黜百家、独尊儒术”的主张强化和提升了儒家思想的地位。正如《三国演义》开篇言所说的那样：“天下大势，分久必合，合久必分”。对多民族的古代中国而言，分久了必然走向合，合久了必然会产生分歧，分歧最后又会达成新的一统，这就是对“分久和”与“合久分”的最好诠释。总之，分分合合都是为了追求更美好的“大同”生活。

在中国历史上，大规模修筑长城的记载都是发生于大一统和强盛的朝代。

在山西省的核心区即被古城墙环绕着的古城区的门上有四个大字：“大好河山”（图 6-1），其意就是希望世界大同的美好愿望。应该说，世世代代的具有民族认同感的中国人，都会把“统一和大同”作为一种社会理想，去奋斗、去追求。

① 〔元〕陈澔，注．礼记·礼运．金晓东，校．上海：上海古籍出版社，2016.
② 张景，张松辉，译注．道德经·第八十章．北京，中华书局，2021.

图 6-1　河北张家口明长城大镜门（吴建平摄影）

2000 多年来，为了安居乐业而修筑长城，似乎已经变成了中华民族的惯性。长城的内涵在不断地延伸，逐渐成为一种文化使命。“中华民族的先人们早就向往人们的物质生活充实无忧、道德境界充分升华的大同世界。中华文明历来把人的精神生活纳入人生和社会理想之中。”

二、长城孕育着人类命运共同体的理想

英国哲学家罗素曾说，不同文明之间的交流，过去已经多次被证明是人类文明发展的里程碑。希腊学习埃及和巴比伦，罗马借鉴希腊，阿拉伯参考罗马帝国，中世纪的欧洲又模仿阿拉伯，而文艺复兴的欧洲仿效拜占庭帝国，正是由于不同文化之间的碰撞、交流和交融，才使得这些文化在自身的发展中不断地汲取营养，在不同的历史时期都焕发出新的生命力。

“万物并育而不相害，道并行而不相悖。”在深刻把握历史与现实辩证关系、洞察中国和世界发展潮流的基础上，“构建人类命运共同体”的思想应运而生。作为世界和平的建设者，中国把长城中蕴藏的古老智慧奉献出来，运用于国际交往之中，人类命运共同体的理想值得期待。

1987年，长城被联合国教科文组织列入《世界遗产名录》；2017年3月17日，构建人类命运共同体的理念首次被载入联合国安理会决议。

当前，国际社会面临各种问题和挑战，经济全球化也陷入困境，各国普遍对未来发展方向感到迷茫彷徨。“新时代……更加需要系统研究中国历史和文化，更加需要深刻把握人类发展历史规律，在对历史的深入思考中汲取智慧、走向未来。”长城见证了中国的发展，长城文化贯穿了中国的整个历史。古巴比伦（图6-2）、古埃及、古印度（图6-3）和中国四大文明古国中，中国是唯一将文化主体延续下来的国家，因为长城中蕴藏着中华民族的无穷智慧和创造力。长城是世界和平的象征，人类命运共同体的理想，是在传承历史文化的基础上，对和平理念认识的再升华。

文艺复兴特指发生在14世纪到16世纪的一场反映新兴资产阶级要求的欧洲思想文化运动。当时的人们认为，文艺在希腊、罗马古典时代曾高度繁荣，但在中世纪“黑暗时代”却衰败湮没，直到14世纪后才获得“再生”与“复兴”，因此称为“文艺复兴”。

古巴比伦位于今天的伊拉克地区。在伊拉克地区有两条河流，一是底格里斯河，二是幼发拉底河。在这两河之间产生了流传世间的两河文明，也孕育出了一段璀璨夺目的古巴比伦文明。世界的东方在公元前3500年左右，出现了人类最早的奴隶制国家，并有了先进的铸造技术。大约

图 6-2　巴比伦王询问抽签（《以西结书》）

在公元前2250年，居住在这里的苏美尔人创造了先进的文明，不仅发明了文字即楔形文字，使两河流域进入有文字记载的历史时期，还发明了适合书写的工具——“泥板书”。公元前2006年，阿摩利人颠覆了乌尔第王朝，建立了巴比伦王国，在两河流域(底格里斯河和幼发拉底河）安了家。

图 6-3　印度拉贾斯坦邦乌代普尔瓜廖尔的萨斯巴胡神庙

古印度，与古埃及、古希腊、美索不达米亚文明、古代中国 并称为五大文明发源地。 古印度地域范围包括今印度、巴基斯坦等国。

三、长城用世界语境传承弘扬智慧

长城是一部中国历史教科书，在长城兴建的过程中有二十四史等巨著现世，仅《史记》《资治通鉴》两本书就记录了众多长城在春秋战国时期的诸多典故，今天读来还是令人倍感受教。

长城体现了中国历史制度中秩序、规范与发展的理念，仅从围绕长城而发生的历史事件、典故、成语就可以看出其中的主流文化思想是忠诚、担当、诚信、包容、互利、勇敢、好学、智慧、团结、秩序……其中有的是经验，有的是教训，正反两个方面都具备，且不论国别、地区都可参照应用。

像完璧归赵（蔺相如）、围魏救赵（孙膑）、退避三舍（重耳）、毛遂自荐（毛遂）、负荆请罪（廉颇）、纸上谈兵（赵括）、一鼓作气（曹刿）、讳疾忌医（蔡桓公）、卧薪尝胆（勾践）、惊弓之鸟（更羸）、高山流水（俞伯牙、钟子期）、一字千金（吕不韦）、指鹿为马（赵高）、焚书坑儒（秦始皇）、图穷匕见（荆轲）、悬梁刺股（孙敬、苏秦）、一饭千金（韩信）、四面楚歌（项羽）、约法三章（刘邦）、孺子可教（张良）、背水一战（韩信）、破釜沉舟（项羽）、手不释卷（吕蒙）、暗度陈仓（韩信）、十面埋伏（项羽）、投笔从戎（班超）、马革裹尸（马援）、多多益善（韩信）、老当益壮（马援）等举不胜举，现摘几则仅作例证。

1. 魏王“诚实守信”

最早出自《韩非子·外储说左上》，又见《资治通鉴》。战国时，魏国第一个国君叫魏文侯，一次他和人约好第二天下午去山林打猎。到了次日，天上下起了雨，此时宫乐正欢，快到约定的时间魏文侯便起身要走，旁边的人见天无晴色便说：“下雨了，打猎就不要去了吧？”魏文侯把手一摆说，“我自己亲自跟人家约定的事情，怎么可以随便毁约呢”。于是，起身离去赴约。也正因魏文侯在做这样一件很小的事情上都信守诺言，才能得到臣民的拥护与爱戴，作为一代君王如此诚实守信，才得以使魏国繁荣昌盛。

2. 商鞅“立木为信”

立木为信出自《史记·商君列传》，又见于《资治通鉴》，是指商鞅通过利用让百姓搬一块木杆从南门到北门，就重赏银50两黄金的方式取得百姓的信任，最后顺利颁布变法法令的历史典故。

秦孝公元年（前361），秦国的新君秦孝公即位。他下决心发奋图强、广罗人才。他下令说：“不论是秦国人还是他国人，谁能想办法使秦国富强起来的，就封他在秦国做官。”秦孝公一号召，果然吸引了不少有才干的人。有一个叫公孙鞅（商鞅）的卫国人，曾在魏国宰相公叔痤手下当官，公叔痤临终前将他推荐给魏惠王，但没有得到重用。商鞅便来到秦国，托秦孝公宠臣景监的引荐，得到秦孝公的接见。商鞅对秦孝公说：“一个国家要富强，必须重视农业，奖励将士；要打算把国家治好，必须有赏有罚。赏罚分明，朝廷有了威信，一切改革也就容易进行了。”秦孝公完全同意商鞅的主张。可是秦国的一些贵族和大臣却竭力反对。秦孝公一看反对的人这么多，自己刚刚即位，怕闹出乱子来，就把改革的事暂时搁了下来。过了两年，秦孝公的君位坐稳了，就把改革制度的事交给左庶长（相当于军政首大臣）商鞅（图6-4）负责。商鞅起草了改革的法令，因当时处于战争频繁、人心惶惶之际，为了树立威信，推进改革，就叫人在都城的南门竖了一根三丈高的木头，下令说：“谁能把这根木头扛到北门去的，就赏十两金。”不一会儿，南门口围了一大堆人，大家议论纷纷。有的说：“这根木头谁都拿得动，哪儿用得着十两赏金？”有的说：“这大概是左庶长成心开玩笑吧。”大伙儿你瞧我，我瞧你，就是没有一个敢上去扛木头的。商鞅知道老百姓对他下的命令还持怀疑态度，就把赏金提到五十两。就在赏金越来越高，看热闹的人越不嫌热闹的时候，人群中走出一人将信将疑地说：“我来试试。”他说着，就轻而易举地把木头搬到了北门。商鞅立刻派人赏给扛木头的人五十两黄澄澄的黄金。这件事立即传了开去，一下子轰动了秦国。老百姓纷纷说：“左庶长言而有信，值得信赖。”

图6-4　商鞅

商鞅新法令公布之后，令赏罚分明，规定官职的大小和爵位的高低，以打仗立功为标准。贵族没有军功的就没有爵位；多生产粮食和布帛的免除官差；凡因懒惰而贫穷的，连同妻子儿女都罚做官府的奴婢。

秦孝公十二年（前350），商鞅又实行了第二次改革。改革的主要内容是：废井田，开阡陌（阡陌就是田间的大路），谁开垦荒地，就归谁所有；土地可以买卖；推行郡县制，把市镇和乡村合并起来，由国家派官吏直接管理，使中央政权的权力更集中了；为了便于向东发展，把国都从原来的雍城（今陕西凤翔县）迁移到渭河北面的咸阳（今陕西咸阳市东北）。

这样大规模的改革，当然要引起既得利益者的反对。一次，秦国的太子犯了法。商鞅对秦孝公说："国家的法令必须上下一律遵守。要是上头的人不能遵守，下面的人就不信任朝廷了。太子犯法，教育他的师傅应当受罚。"结果，商鞅把太子的两个师傅公子虔和公孙贾都治了罪，一个割掉了鼻子，一个在脸上刺上了字。这样一来，那些贵族、大臣都不敢触犯新法了。

这样过了十年，秦国果然越来越富强，连周天子都打发使者送祭肉来给秦孝公，封他为"方伯"（一方诸侯的首领）。商鞅立木为信这一做法，为他的变法在秦国顺利推广奠定了坚实的基础。诚信使秦国强大起来，最终统一了中国。可见，"诚信"对个人乃至一个国家的兴衰存亡都起着非常重要的作用。

3."烽火戏诸侯"

典故也是出自《史记》，昏庸无能的周幽王只为博美人一笑而失信于众诸侯，最终落得家破人亡。可见，诚信对于人类来说有多么重要！

4.将相和

出自《史记·廉颇蔺相如列传》。廉颇是赵国名将，蔺相如是赵国的丞相，二人一文一武，保卫着偌大的赵国。赵国曾偶然得到和氏璧，致使秦昭襄王对此极为垂涎，便谎称以十五城之地换取宝玉。赵王明知此中有诈，却还是硬着头皮令蔺相如前去，而蔺相如没有辜负使命，终于完成了"完璧归赵"的任务。

赵王从此对蔺相如另眼相看，引起老将军廉颇的不满，因此时常在公开场合与蔺相如作对。然而蔺相如却对此并不气恼，主动避让。后来廉颇明白，连秦王都不怕的蔺相如根本不会惧怕自己，蔺相如的忍让完全是从有利于赵国的大局着想，因为将相不和乃国之大忌。为此，廉颇愧疚不已，于是赤裸上身背负荆条来到蔺相如府上赔罪。

蔺相如不计前嫌，将老将军扶起并促膝长谈，“将相和”（图 6–5）是赵国齐心协力的写照，赵国也因此避过了一次内乱危机。

图 6–5　负荆请罪

5. 山羊过桥

这个典故更是把“两败俱伤”与“互利共赢”展现得透彻无比，除了“将相和”还有一件事发生在唐玄宗时期，唐将郭子仪与李光弼都曾是朔方节度使安思顺的属下部将，但是两个人之间素来有矛盾，平日里即使见面也不打招呼，称得上是形同陌路。直至后来，安禄山与史思明发动了安史之乱，郭子仪临危受命升任朔方节度使，统兵抵御，而李光弼则成了郭子仪的部将。

皇帝命令郭子仪率兵出征时，李光弼一直担心郭子仪会利用手中权力寻机报复自己，故此李光弼硬着头皮对郭子仪说：“我过去得罪你，是我的不是，今后不管怎么处置我，我无怨言，只希望高抬贵手放过我妻儿。”李光弼话还没说完，郭子仪立马紧紧拉住李光弼的手说道：“此时国家危急，百姓遭殃蒙难，我正需要你这样的人才，怎会把国家利益放在脑后而计较个人恩怨呢？”自此之后，两人同心同德，很快平定了安史之乱。

6. 曹操割发代首

汉献帝建安三年（198），曹操（图6-6）带兵征战过程中正值麦熟季节，为保护百姓来之不易的收成，曹操严明军纪，下令军队将士："凡践踏麦田者，一律斩首！"当看到在经过一片麦地时，将士们个个都小心谨慎，生怕踏倒一棵麦苗时，曹操心中十分高兴。就在老百姓交口称赞之际，一只觅食的鸟受惊从麦田中飞出，使曹操的战马受惊窜入麦田踏倒了一片麦子。曹操勒住马缰，下令全军停止前进，要执法官为自己定罪，被执法官拒绝。曹操还要举刀自杀，被众人劝住。于是，他就用剑割断自己的头发说："那么，我就割掉头发代替我的头吧。"以行动带头以身作则遵守军令。

图6-6　曹操

7. 诸葛亮挥泪斩马谡

在一场与曹魏的重要战争中，诸葛亮（图6-7）在街亭周边做好了战斗部署：他派出前锋部队去袭扰曹魏兵马，自己则率领主力在不远的西城，作为街亭的后盾，把防守街亭的蜀军指挥权安排给了马谡。诸葛亮派马谡防守街亭是出于个人对他的赏识，当时的蜀军其他将领认为，街亭应该派魏延、吴懿这样的老将去防守，但是诸葛亮没有听取大家的意见，选择了马谡镇守战略要地街亭。临行前，诸葛亮再三嘱咐马谡："街亭虽小，关系重大。它是通往汉中的咽喉。如果失掉街亭，我军必败。"

图6-7　中国国家博物馆藏：诸葛亮立像轴（明）

马谡到达街亭后，擅自改变了诸葛亮的作战部署，部下王平的多次劝谏也不理睬，不防守街亭固有的城寨，将军队拉上了南山。当张郃率军到来后，经过侦察，发现了南山蜀军的弱点，山上无水。于是张郃派兵切断了蜀军的汲水之道，使得山上的蜀军由于干渴发生了动摇，造成街亭失守而大败。

因为这次败仗，导致了诸葛亮第一次北伐的失败。诸葛亮为此自贬三等，还处罚了大批人员。作为败仗的主要责任人，马谡首当其冲，被诸葛亮挥泪斩杀。为了严明军纪，也为了安抚朝野上下，诸葛亮不得不用马谡的人头来警示后人。

8. 孙武杀妃

此事发生在吴王阖闾即位三年（前 512），当时吴国国内稳定，仓廪充足，军队精悍，向西进兵征伐楚国的准备工作已经基本就绪。伍子胥向阖闾提出，这样的长途远征，一定要有一位深通韬略的军事家筹划指挥，方能取胜。他向吴王阖闾推荐了正在隐居的孙武，向吴王介绍孙武的家世、人品和才干，称赞孙武是个文能安邦、武能定国的盖世奇才。可是，孙武自从来到吴国后一直隐居著书，吴王连孙武这个名字都不曾听说，认为一介农夫不会有大本事。伍子胥见状，仅一个早上就推荐了 7 次，吴王才答应接见孙武。吴王将孙武写的兵法一篇一篇看罢，称好之余忽发奇想，这个能写兵法的人实际工作能力咋样呢？会不会是一位纸上谈兵的人呢？便对孙武说：“你的兵法十三篇，我已经逐篇拜读，实是耳目一新，受益匪浅，但不知实施起来如何，可否演练一下见识见识？”孙武回答说：“可以。”吴王又问道：“先生打算用什么样的人去演练？”孙武答：“随君王的意愿，用什么样的人都可以。不管是高贵的还是低贱的，也不论是男的还是女的，都可以。”吴王想给孙武出个难题，便要求用宫女来演练。于是，吴王下令将宫中美女 180 名召到宫后的练兵场，交给孙武去演练。孙武把 180 名宫女分为左右两队，指定吴王最为宠爱的两位美姬为左右队长，让她们带领宫女进行操练，同时指派自己的驾车人和陪乘担任军吏，负责执行军法。分派已定，孙武站在指挥台上，认真宣讲操练要领，并要求一切行动，都以鼓声为准。待宫女们回答“听明白了”，孙武便击鼓发令。然而尽管孙武三令五申，宫女们却不听号令，捧腹大笑，队形也大乱。孙武根据之前提过的要求，令人处斩两位队长。吴王见孙武要杀掉自己的爱姬，传命说：寡人已经知道将军能用兵了，请赦免她们不死吧。”孙武说：“臣既然受命为将，将在军中，君命有所不受。”便杀掉了两位队长，再任命两队的排头充当队长继续练兵。当孙武再次击鼓发令时，众宫女前后左右，进退回旋，跪爬滚起，整个过程都合乎规矩，阵形十分齐整。孙武传人请阖闾检阅，阖闾因为失去爱姬，心中不快，便托词不来。孙武便去亲见阖闾。他说：“令行禁止，赏罚分明，这是兵家的常法，为将治军的通则，听从指挥，打仗才能克敌制胜。”听了孙武的一番解释，吴王阖闾怒气消散，便拜孙武为将军。之后，吴王见到了军容严整、步调整齐的女兵队伍。

9. 穰苴斩庄贾

齐景公时，由于晋国和燕国的军队入侵，齐国军队节节败退，上大夫晏婴向景公推荐穰苴，认为他文武双全。景公与穰苴谈话后非常满意，决定拜他为大将率领军队去抵御晋国和燕国的军队。出征前，穰苴对齐景公说："臣下出身低贱，恐难以服众，还请您派个有威望的人来做监军吧。"景公听他说得有理，就派了自己最宠信的庄贾去监军。穰苴知道庄贾一向恃宠弄权，从来没把自己放眼里，但为了团结出战，他来到庄贾府上，向他报告了出征的准备情况，约定了出征的时间和集合的地点，庄贾傲慢地点点头，表示知道了。第二天正午，约定的时间到了，出征的将士们都集合在西门外校场，但一等二等，就是不见监军庄贾的车马，穰苴整顿队伍，宣布了出征军令，并派人去庄贾府上催促。

原来，齐国的一些大臣听说庄贾要做出征监军，都相约在西门里酒庄里为其送行，以讨好这位景公的宠臣。庄贾喝得红头涨脸，早把约定出征的时间放到一边，心说我不到你是不能出征的，直到有人来催，才慢条斯理地上车奔往校场。

众将士早在那里等了一个时辰，穰苴心中大怒：这样贻误军情，若不惩治，以后怎能号令众将士？军队怎么能打仗？于是大喝一声，命人把庄贾拉下车来，问执掌军法的军正说："按照军法，超时而不到达的，应该怎样处置？"军正说："该斩！"穰苴立刻下令把庄贾推去斩首。庄贾一听，酒吓醒了，大喝穰苴妄为，敢斩君上宠臣。庄贾手下人一看大事不好，忙跑回城去报告景公，穰苴哪管庄贾喊叫，命人把他杀了，并将头颅在三军面前示众。三军将士一见这位新司马如此法纪严明，都吓得小心行事。再说景公接到报告，忙派使者前去军中说请，使者急急忙忙驱车至军中，哪知一到便被穰苴派人抓了起来。穰苴又问军正"军中不驰，违反者应怎样治罪？"按军法斩杀了使者的仆人和驾车的驸马和骏马。三军将士见新司马连国君的使者也要军法处置，就更加惧怕，不再有其他的想法，以后都对司马的话言听计从。这样的军队在穰苴的带领下，成了纪律严明的骁勇之师，很快便收复失地，也使景公的时代实现了中兴之治。

10. 汉武帝的《罪己诏》

汉武帝征和四年（前 89）三月，汉武帝对大臣们说："朕即位以来，所为狂悖，使天下愁苦，不可追悔。自今事有伤害百姓，糜费天下者，悉罢之。”六月下诏书追悔以往的过错，史称“轮台诏”。汉武帝在“轮台罪己诏”之后，施政方式的确发生了重大变化，可以说一个皇帝能够宣布自己治国方面的失误是难能可贵的。

这之后的历代皇帝就开始了下罪己诏的惯例，凡是天有异象，比如日食、洪水、旱灾、地震等或连年战乱，政权危难之时都会下罪己诏。罪己诏，应该是一种帝王对自己失职应负责任的担当行为，对皇权有一定的约束力。

在中国历史上，第一次明确颁布这项法令的人是汉文帝。汉文帝元年（前179），有人建议汉文帝（图6–8）尽早立太子。文帝不同意，于是颁布了一项法令，“朕既不德，上帝神明未歆享，天下人民未有嗛志。今纵不能博求天下贤圣有德之人而禅天下焉，而曰预建太子，是重吾不德也，谓天下何？”拒绝立储的建议，显示了他对人才的渴望。

图6–8　汉文帝

文帝之后，最著名的罪己诏就是汉武帝的《轮台罪己诏》了，这也是中国历史上第一份内容丰富、保存完整的罪己诏。汉武帝雄才大略，一生致力于开拓西域，使国力大损，后来又建明堂，垒高坛，挥霍无度，导致霍乱四起。晚年终于深深悔过，弃轮台之地，下诏罪己，并在诏书中改变了一贯的战争思想，把行政重心转移到安定生产方面。从汉朝开始，中国历史上一共有89位皇帝下过罪己诏。如果按所占比例来算的话，清朝的比例是最高的，10个皇帝有8个下过罪己诏，不过光绪的罪己诏算是替别人“顶包”的。1900年八国联军入侵北京，慈禧在逃亡途中感到政局已经失控，迫于内外压力，决定跟八国联军谈判求和，并以光绪帝的名义发出了一道罪己诏……

长城是有形的，但它蕴藏的却是中国文化中对制度与秩序的追求。在现实层面，则表现为行之有效的政治制度。正所谓：没有规矩，不成方圆；没有制度，无以发展。随着第一条万里长城的修建，秦作为中国第一个大一统的中央集权帝国，崛起于历史长河之中。秦通过郡县制，实现了对地方政权直接有效的控制，加强了中央集权，同时也奠定了中国2000多年社会政治制度的基本格局，为历代王朝所沿用。长城形式上是墙，是阻碍，实则为规矩，是为了让长城地区的各个族群，更有秩序地交流与融合！郡县制形式上是官僚政治取代血缘政治，实质上则是有利于中央集权的加强和国家统一。历史证明，只有文明的才是可持续的，只有找到了适合自己文明、文化的制度形式，才可以建设一套行之有效和可持续的制度体系。

四、长城是中国文化内化于心，外化于行的具体呈现

一个民族最先进和最发达的技术一般都是最先用于军事领域。长城也是一样，长城是中国古代在不同时期为抵御塞北游牧部落联盟侵袭而修筑的规模浩大的军事工程的统称。长城最先作为军事功能在形式上、物质上存在，后来作为文化意义而存在于中华文明之中。文化对个体价值观的塑造，往往是缓慢渐进式地教化，逐渐将文化内涵的精神力量转化为个体的情感认同和行为习惯。因此，相比外在而言，内在的东西虽不可见，却是最根本和最持久的。国家民族的自信，在很大程度上就是来源于内在的文化自信。长城对于宏观大视野下的国民文化自信的构建作用意义重大。文化自信来自对本民族文化的高度认同。把长城作为文化认同的标识，可以更好地“构筑中国精神、中国价值、中国力量”。

曾经有一位中国教授在马来西亚参观郑和（图 6–9）纪念馆时，有人向他发问：当时有这样的国力，为什么不去殖民？教授说，郑和就是文化交流，你们带礼物到我们这来表示臣服和尊重，我们就一定会带更多的礼物予以回赠。我们中国人历来爱好和平，修长城就是最好的例子。这个回答一语道出了长城文化的意义：外在的长城形象传播得越来越广，内在的和平文化就会越来越有吸引力。

图 6–9　郑和

五、长城文化是中国文化复兴与昌盛的根基

人类文明史充分表明，任何真正意义上的强国，都具有巨大的文化感召力、影响力和辐射力。没有先进文化的引领，一个国家不可能受到世人的尊重和爱戴。

美国学者塞缪尔·亨廷顿在《文明的冲突与世界秩序的重建》一书中写道：冷战后，世界格局的决定因素表现为八大文明，即中华文明、日本文明、印度文明、伊斯兰文明、西方文明、东正教文明、拉美文明和非洲文明。冷战后的世界，冲突的基本根源不再是意识形态，而是文化方面的差异，主宰全球的将是“文明的冲突”。

中华文明正是在长城内外，中原农耕民族与北方游牧民族间相互碰撞、相互补偿中，不断发扬光大，薪火相传。这就是以“和为贵”为中华文明文化特征的价值追求，这与西方文明、伊斯兰文明是完全不同的。

长城文化是中华文明的有力代表，它蕴含着团结统一、众志成城的爱国精神，坚韧不屈、自强不息的民族精神，守望和平、开放包容的时代精神，是中华文明对世界文明的独特贡献。复兴，归根结底就是文化的复兴。只要创新性发展和转化以长城为代表的中华优秀传统文化，长城文化的国际示范作用就会越来越大。

长城是中国的名片（图 6-10），外国人对中国的印象，很多都是从长城开始的。长城是中华文明的重要载体，也是东方文明智慧的结晶，很大程度上肩负着中国与世界文化相互交流、认同、促进、融合的重要使命。

中国长城、埃及金字塔、意大利斗兽场、荷兰围海大堤、

中华文明亦称华夏文明，指华夏族（汉族前身）所创造的文明。华夏也称“华”“诸华”，又称“夏”或“诸夏”。“华夏”一词最早见于《尚书·周书·武成》，“华夏蛮貊，罔不率俾”，意思是说无论是中原地区，还是边远地区的民族，都对周武王表示顺从。而“华夏”即后来的汉族。

依据中国历史大系表顺序和古籍记载，华夏文明经历了有巢氏、燧人氏、伏羲氏、神农氏（炎帝）、黄帝（轩辕氏）、尧、舜、禹等时代。后奉炎帝和黄帝为共主，华夏先民在黄河流域留下众多的文化和文明遗址。

华夏文明以礼乐为制度、易经八卦、丹书朱文、上古汉语为源泉，是世界上最古老的文明之一，在历史上一脉相传。

图 6-10 长城是中国的名片（董耀会摄影）

伊斯兰文明即在《古兰》《圣训》基本思想和原则指导下，是由阿拉伯文化、波斯文化和突厥文化相互融合、共同发展、演化而成的一种人类古老文明。伊斯兰文明在哲学、伦理学、逻辑学、建筑学、科学、医学和艺术等领域有着极高造诣。

东正教是基于正统教义与东方礼拜仪式制度的基督教三大分支之一，也是强调自身正统性的宗徒继承教会。东正教源自希腊文明的救世主信仰根源，因与罗马帝国东部一脉相承的拜占庭帝国、俄罗斯帝国的国家宗教而闻名。1 世纪，希腊基督徒的耶路撒冷、安条克、君士坦丁堡、亚历山大和罗马 5 座城市的联邦原型诞生。4 世纪，君士坦丁堡成为罗马帝国的国家教会首都。

法国埃菲尔铁塔等都是气势磅礴的人工建筑，也都是各自国家的象征和骄傲。美国学者费正清说：“直到一百年前，中国对于西方生活所起的影响，远比西方对中国的影响更为巨大。”长城已经成为世界各国游人向往的旅游胜地。据统计，仅北京八达岭长城“截至 2017 年，接待参观长城的世界各国首脑就有五百余位。八达岭长城游人最多时，一天就有七万余名来自世界各地的朋友们”。由此可见，“讲好中国故事，讲好长城故事”对于世界认识中国有着多么重要的意义。

拉美文明指拉丁美洲的古代文明，它包括玛雅文明、阿斯特克文明、印加文明，兴于 14 世纪，衰于 16 世纪。

非洲文明包括古埃及文明、迦太基文明、努比亚文明、阿克苏姆文明、西非草原文明、乍得湖文明、刚果文明等。

在亨廷顿看来，中华文明和伊斯兰文明同西方的基督教文明有很大的差异，而未来世界的冲突将是由中华文明和基督教文明的冲突，以及伊斯兰文明和基督教文明的冲突引起。

六、长城是中国向世界传递中华民族价值观的重要载体

2019 年 7 月 24 日，国务院新闻办公室发表《新时代的中国国防》白皮书，其前言这样写道："为宣示新时代中国防御性国防政策，介绍中国建设巩固国防和强大军队的实践、目的、意义，增进国际社会对中国国防的理解，中国政府发表《新时代的中国国防》白皮书。"

长城作为一种信息的符号，就把中国防御性的政策解释得明明白白。《新时代的中国国防》白皮书中有两句话掷地有声，一句是："和为贵"的中华文化传统，决定了中国始终不渝奉行防御性国防政策。一句是："中国坚持永不称霸、永不扩张、永不谋求势力范围。"

长城作为中国传递世界观、价值观的载体，通过其象征意义直接明了地向世界展现中华民族和平、和谐的价值观。长城是人类命运共同体背景下的"丝路长城"，作为人类历史上宏伟壮丽的建筑奇迹和无与伦比的文化景观，作为中华民族精神生生不息的根脉，万里长城在促进中华民族多元一体格局的形成、发展，以及在推动世界文明进程中都发挥了无可替代的重要作用。在新的历史时期，我们更要用国际视野、从人类发展的高度重新审视长城。

长城所意喻和表达的文化与人类命运共同体理念最契合的无疑是丝路长城。在我国众多长城资源中，最能体现长城开放包容、合作共赢精神的也是丝路长城。长城和丝绸之路（图 6-11）两个世界级文化遗产，纵贯东西、连通古今，给人以无限的启迪。

丝路长城是保障丝绸之路安全畅通，维护世界和平及交往交流的设施。它犹如中华文明张开的臂膀，大气磅礴地拥抱着世界。2000 多年来，丝路长城反复修建的目的就在于此。从甘肃兰州到新疆乌恰的丝路南线走向与长城高度重合，长达 2000 多千米，足见陆上丝路对于长城的依赖。汉长城则从甘肃肩水金关、玉门关、阳关，分别往西向新疆继续延伸。20 世纪 90 年代末，国内考古界普遍认为，别迭里烽燧（图 6-12）是长城最西端。近年来，文物部门考察阿合奇县、乌恰县发现了长城烽燧哨所遗址。

图 6-11　唐三彩丝绸之路上的商旅

图 6-12　新疆阿克苏乌什别迭里烽燧（董旭明摄影）

肩水金关为汉代烽塞关城，是进出河西、南北交通的咽喉。取名金关，有“固若金汤”之意。距今已有2000多年的历史。

玉门关始置于汉武帝开通西域、设置河西四郡之时。因西域输出玉石取道于此而得名。为通往西域各地的门户，故址在今甘肃敦煌小方盘城。曾是汉代时期重要的军事关隘和丝路交通要道。

在丝路长城的护佑下，各民族文化，乃至中西方文明得以交融，丝绸之路成为中华文明联结世界文明的纽带，丝路长城沿线也随之成为文化交会的“高热度”地区。自张骞凿空西域，西汉“列四郡，据两关”，中华文明由此远播欧亚，多元文化在此和谐共生。可以说，长城为丝绸之路开辟了中西方经济文化交流的坦途。玄奘之路（图6-13）、敦煌莫高窟、云冈石窟都有长城的影子，这是中华民族努力构建人类命运共同体的历史见证。

进入新时代，更好地挖掘、传承和弘扬长城所体现的自强不息的奋斗精神和众志成城、坚韧不屈的爱国情怀应该成为一种媒体主旋律，因为这样做可以促进各民族紧紧团结在一起，构建各民族共有的精神家园，推动中华民族走向包容性更强、凝聚力更大的命运共同体，为实现中华民族伟大复兴的中国梦凝聚起磅礴力量。

正如习近平总书记2022年5月27日在中央政治局学习

阳关位置在今甘肃敦煌西南。西汉置关，因在玉门关之南，故名阳关。和玉门关同为当时对西域交通的门户，是中国古代陆路对外交通咽喉之地，是丝绸之路南路必经的关隘。

图 6-13　大雁塔下玄奘塑像

会上以《把中国文明历史研究引向深入　增强历史自觉坚定文化自信》为题的报告所强调的那样："加强多学科联合攻关，推动中华文明探源工程取得更多成果；深化研究中华文明特质和形态，为人类文明新形态建设提供理论支撑；推动中华优秀传统文化创造性转化、创新性发展，为民族复兴立根铸魂；推动文明交流互鉴，推动构建人类命运共同体。让更多文物和文化遗产活起来，营造传承中华文明的浓厚社会氛围。"要"积极推进文物保护利用和文化遗产保护传承，挖掘文物和文化遗产的多重价值，传播更多承载中华文化、中国精神的价值符号和文化产品"。

2022 年 6 月 22 日晚，国家主席习近平以视频方式，在金砖国家工商论坛开幕式上发表题为《把握时代潮流　缔造光明未来》的主旨演讲中特别指出："和平是人类共同事业，需要各方共同争取和维护。只有人人都珍爱和平、维护和平，只有人人都记取战争的惨痛教训，和平才有希望。""我们要守望相助，共同促进全球可持续发展。发展是破解各种难题、实现人民幸福的关键。""我们要包容并蓄，共同扩大开放融合。""一个更加开放包容的世界，能给各国带来更广阔的发展空间，给人类带来更繁荣的未来。"

2022 年 6 月 24 日，习近平主席在全球发展高层对话会

玄奘（602—664），唐代高僧，我国汉传佛教四大佛经翻译家之一，中国汉传佛教唯识宗创始人。公元 7 世纪，他前往遥远的西方，寻求佛法。历时 19 年，历经 110 个国家，行程 5 万里。在异国他乡，他被奉为先知，成为智慧的化身。然而他放弃了一切荣耀，毅然返回故土。他翻译的佛经，达 47 部，1335 卷。这是一个前无古人，后无来者的成就。他离世的时候，大唐的皇帝悲痛不已，百万人哭送。他为求取真经所走过的路被后人称为玄奘之路。

议上再次指出："我们要共同凝聚促进发展的国际共识"，"我们要共同营造有利于发展的国际环境"，"我们要共同培育全球发展新动能"，"我们要共同构建全球发展伙伴关系"……

2023年6月2日，习近平主席指出："中华优秀传统文化有很多重要元素，比如，天下为公、天下大同的社会理想，民为邦本、为政以德的治理思想，九州共贯、多元一体的大一统传统，修齐治平、兴亡有责的家国情怀，厚德载物、明德弘道的精神追求，富民厚生、义利兼顾的经济伦理，天人合一、万物并育的生态理念，实事求是、知行合一的哲学思想，执两用中、守中致和的思维方法，讲信修睦、亲仁善邻的交往之道等，共同塑造出中华文明的突出特性。"

研究长城，讲好长城故事，就是为了让世界人民更好地了解中国，让中国人民更加自信。长城的古风新韵，就是为了寻根、铸魂、弘扬精神、聚人类拒恶向善之心。

长城韵是长城风采和沧桑的流露；
长城韵是长城历史和文化的诉说；
长城韵是长城情怀和品格的展现，它像一首诗、一支歌
在地球上为人类唱响着和平发展的主旋律……

千秋万代你昂首挺立，
风雨沧桑你坚定不移。
历史长河涤荡了你的心胸，
文化底蕴让你的信仰更加坚毅。

你忠厚担当寄托着民族期望，
你千丝万缕连接着生命的契机，
你开放包容融合了不同政见，
你众志成城阻挡过枪林弹雨！

你光明磊落、脚踏实地，
你贫贱不移、威武不屈；

烽火硝烟弥漫着你的神话故事，
雄关险隘铭刻着你的丰功伟绩。

你是时代前行的号角，
把传承文化的源泉开启；
你是时代催征的战鼓，
把复兴中华的精神凝聚！

你的古风新韵就是一首诗，
和着人类同心的韵辙；
你的责任使命就是一支歌，
唱响着世界同生共运的旋律！

第七章

长城长　蜿蜒万里傲苍穹

“长”字，本意是指空间距离的大，或者时间的长。“长城长”在这里除了表明长城是世界上修建时间最长、历史跨度最长的世界文化遗产之外，还有着保护、利用长城需要未来有更多的人、用更长的时间来参与其中的意思。

长城长，首先说的是它的体量长。国家文物局公布的数据表明它总长度为21196.18千米，横贯了中国15个省（自治区、直辖市），404个县（市、区）……在世界文化遗产中它的长度首屈一指。

长城长，也说的是它修建的历史跨度长。春秋起、清代终，2000多年延绵不断，世界上除了它，还没有哪个人工建筑有过这样的经历。

长城长，还表明了它融合中华民族文化的内涵博大深远，其中有关生存、成败、兴亡、发展的智慧和经验教训意味深长。

长城长最终的意义在启示我们：长城既然能够延续文明古国的传承、发展，也一定能够在未来的世界和平和文明发展中创造奇迹。因此，用更大的精力保护好长城，用更多的时间和手段探寻、挖掘、整理、归纳其中给人类以觉悟、智慧的内涵，是我们共同的一项长期的任务。

长城，是中华民族的骄傲和象征，它凝聚着祖先的血汗和智慧，以悠久的历史，浩大的工程，雄伟的气魄闻名于世，是人类历史上独一无二、举世无双的最宏伟的建筑工程。如何把长城本体保护利用好，怎样把长城历史发掘梳理好，用怎样的言行把长城文化底蕴弘扬传承好，用什么观念把长城凝聚和体现的精神凝练归纳好，使长城在世界上发挥起中国和世界交往的纽带、桥梁作用，正是“长城长”所要表达和实现的一个长远愿景。

一、深刻认识长城保护利用的重大意义是一项艰巨、长期的工作

回顾我国在长城保护和利用过程中所走过的道路，用“负重前行、举步维艰、万众协力、勇攀高峰”几个成语来表达，是最为真实和恰当不过的了。因为长城的体量之大、分布之广、所处的环境又多是高山荒野，加之面临多样的天灾人祸，所以很长一段时间内，长城一直处于自然状态之中，由于各地民众还没有建立“文物保护”的意识，也人为地造成了长城局部的损毁，很多地区都发生过“拆城墙盖房垒院”的现象。

进入20世纪80年代后，随着我国在政治、经济、文化上与世界交流沟通的增强，党和政府逐渐加大了对文化文物工作的重视，先后颁布了《中华人民共和国文物保护法》《中华人民共和国文物保护法实施条例》《长城保护条例（草案）》《长城保护总体规划》等一系列国家和地方法规和条例，对长城的保护和利用提出了明确的方针政策。

1. 问题先导　对策跟进　任重道远

2016年12月1日是《长城保护条例》实施十周年的日子，国家文物局在此之前的11月30日发布了《中国长城保护报告》。这个报告除针对长城的保护现状提出了相关的具体应对意见，还第一次对长城文化精神和价值进行了阐述，特别是对长城保护和利用体制机制中存在的问题做了比较详尽论述。

纵观这个“报告”和现实中的实际情况，概括地说，对长城的保护利用重要性的认识问题是首当其冲的重要问题。对这个问题的认识能不能达到一定的高度，直接影响着“长城保护利用”的宏观决策和具体措施的落实。因此，“发现问题，制定措施，解决问题”才是长城保护利用的硬道理。

“保护为主、抢救第一、合理利用、加强管理”是《中华人民共和国文物保护法》明确的方针；“保护第一、加强管理、挖掘价值、有效利用、让文物活起来”是新时代文物工作的方针，这个方针在强调“合理利用”中突出了文物工作的重要社会价值，为做好新形势下的文物工作指明了方向。

因此，长城如何保护，抢救哪些资源，挖掘什么价值，怎么有效利用、让文物活起来，

就成了我们面临的艰巨任务。这些问题是制定措施的先导，提高对这些问题重要性的认识，就为我们做好工作奠定了坚实的基础。所以，突出问题意识，强化全球视野、中国高度、时代眼光，破除制约性和深层次矛盾，既立足当前又着眼长远，尽力而为，努力前行（图 7–1）才是当务之急。

图 7–1　保护长城任重道远（董耀会摄影）

2. 保护利用　负重前行　难在协调

长城的保护和利用是一对既相互协调又会产生冲突的关系（图 7–2）。保护得好为利用奠定了基础，但过度的开发利用又会对保护造成一定的困难，这在实际工作中已经是屡屡出现的问题，特别是在对长城本体的保护和利用上体现得尤为突出。长城标志性景点人满为患、野长城的攀爬、对长城属地争夺的事件屡有发生，这些都是对长城保护利用的曲解。

图 7–2　难敌永恒的丰碑（董旭明摄影）

长城的保护，既有对长城本体保护的内容，还有对长城文化保护的内涵；长城的利用，既有长城本体的展示，又包含长城文化的传播。长城的保护，就是要真实、完整地传承文物和非物质文化遗产；长城的合理利用，就是在保护的基础上，强化对中华民族优秀文化的传承和作用发挥。

因此，要彻底摒弃那种只重经济效益忽略社会效益、只重门票创收不管本体维护及文化挖掘传播的片面做法，树立保护利用好物质长城和文化长城的理念并付诸实践。

3. 政策策略　因地制宜　登高望远

我国的长城因为建设于不同的历史朝代，保存的现状和文化内涵有着很大的差异性，因此在长城的保护利用过程中要严格遵守依法办事、因地制宜的原则，在严肃考察、科学论证的前提下确定实施保护利用的措施。曾经发生过的“真文物修成假古董”，“是长城就要修成旅游景点”的现象要坚决杜绝。

因地制宜，分类指导，就是要充分考虑到长城地域广泛性、文化多样性、资源差异性的特点，实行差别化的政策措施。分级管理就是以地方为主，最大限度地调动各方积极性，实现共建共赢。长城沿线各省份的自然和人文差异较大，既要看到长城关塞的风采雄姿，也要认识到残长城的历史底蕴；既要抢救修缮重点的景区，也要原样保护沧桑的遗址。

因地制宜，就是要彰显地方特色，就是要深入挖掘不同地点、不同时期长城的文物和文化资源及精神内涵，充分体现出中华民族伟大的创造精神、奋斗精神、团结精神、梦想精神，让长城焕发出新时代的风采。

总之，长城的保护利用要根据长城所属地的实际情况，最大限度地把长城的历史文化和长城本体因地制宜地保护利用好。

二、坚决贯彻落实长城保护利用方针是一项旷日持久的宏大工程

1. 长城保护利用中存在的问题

（1）保存现状堪忧的问题。长城保护的困难，就是体量大且分布偏远。大体量的长城遗址遗存，分散在 15 个省（自治区、直辖市）的 404 个县（市、区）。不同地区的长城段落又存在着很大的差异性和不平衡性，需要对不同地段长城修建的分期、形制、工艺等加强研究。《长城保护总体规划》将长城墙体遗存保存现状分为五个等级：较好、一般、较差、差、消失。其中，濒临消失的和已经消失的，约占总数的 51.2%。

长城遭到破坏的第一个因素是自然因素。东部和中部地区的长城点段多受到水土流失、雨水冲刷、沙漠化、动物活动和植物生长等自然因素影响；西部地区的长城点段多受到沙漠化、风蚀、盐碱、冻融、动物活动和植物生长等自然因素影响。特别是长在城墙缝里的树成为危害长城的重要因素。很多空心敌楼顶部的坍塌，都与顶部的积土和生长在积土上的树木有关。

地震对长城的破坏作用也很大，北京、天津、河北、山西、辽宁、吉林、陕西、甘肃、宁夏、新疆等 11 个省（自治区、直辖市）均有部分长城点段分布于地震带。另外，除新疆外的 14 个省（自治区、直辖市）均有部分长城点段分布于泥石流灾害区，也是威胁长城的重要因素。

第二个破坏因素是人为因素。旅游开发、城镇建设、大型基础设施建设、居民生产生活和不当干预等人为因素，都对长城保护利用形成了威胁。

尽管目前有很多地方政府已经意识到对长城实施保护的重要性，但没有全部制订保护利用长城的计划和方案，造成了《长城保护条例》落实不能完全到位。

（2）社会公众参与机制问题。“单靠文物部门一家的力量是无法有效解决长城保护和管理方面诸多问题的，势必要引进更多的社会力量参与。”长城体量太大，其保护工作形成“众志成城”的社会氛围还需要各级政府、长城保护的管理部门与社会力量形成合力。

（3）资金保障问题。《长城保护条例》明确规定长城保护实行“整体保护、分段管理”的原则，将长城保护经费纳入地方本级财政预算、设立长城保护基金等措施，但从近十年的运行情况来看，这一制度的落实还需要不断完善和加强。

2. 长城保护利用中的措施

为了贯彻落实好长城保护利用方针，各级政府在有法可依的前提下，需要扎实有效地做好三件实事。

（1）顶层设计，典范引领，示范先行。要建立长城保护规划体系，各级政府要以长城国家文化公园建设为蓝图，建立起一个权责明确、运营高效、监督规范的管理模式，并形成一批可复制推广的经验，到 2035 年，建成一批长城国家遗产路线，使长城成为我国北部地区文化长廊、生态长廊（图 7–3）、景观长廊和健康长廊。完善社会参与长城保护管理政策与措施，提升全社会的长城保护意识和保护理念，形成全社会自觉保护长城的氛围。

要依据《长城保护条例》“国家实行长城保护总体规划制度”的要求，设立三级长城保护规划体系，研究长城整体价值，评估保护管理现状，明确长城保护的总目标、总原则和主要任务，提出保护范围、建设控制地带。

要按照《全国重点文物保护单位保护规划编制要求》做好专项规划，要重点贯彻国家对长城保护“分段管理”的要求，明确国家级长城重要点段的组成，提出省（自治区、直辖市）级长城重要点段的名单和拟辟为参观游览区的长城点段的清单，提出与相关规划衔接措施，并结合本地实际情况制订分期实施计划和保障措施，针对国家级长城重要点段的实际情况，进一步细化管理、保护、展示、开放、研究的具体措施和相关考核指标。

（2）原则规范，红线触底，最小干预。要健全政府长城保护体系，建立长城基础数据资源平台。结合长城国家文化公园建设相关的资源，分类建设长城保护、长城历史、长城文化、长城旅游等方面的资源库，整理口述史，深入挖掘长城文化内涵等都是长

图 7–3　宁夏兴武营长城脚下长满了枸杞（汤羽扬摄影）

城保护工作的重要内容。强调各地都要选择具有突出意义、重要影响、重大主题的长城历史文化题材，服务于长城国家文化公园建设。

长城沿线的区、县、乡镇政府要建立有效的长城保护责任制，制定相应的奖惩制度。保护长城，文物部门负有首要的责任，但不能单纯依靠文物部门。对破坏长城问题的处理，要设置专门投诉处理、预警监测制度。

要加强长城本体保护工程的管控。现在长城的抢险修缮，强调最小干预和修缮措施可逆的原则，长城本体保护工程实施的重点，是为濒临坍塌危险的长城点段排除险情。长城本体保护工程，按管控要求性质主要分为保养维护工程、修缮工程、安防工程、载体加固工程等。长城现状主要为遗址形态，应实行分类保护，针对不同材料、不同状态，在进行精准分析的基础上采取适当保护工程措施。

完善长城保护法律机制工作也需要加强。《长城保护条例》颁布已经过去了 17 年，有一些条款亟待修订。长城保护执法督察方面的工作还较为薄弱，不能满足长城保护的实际需要。

要制定社会公众参与的保护机制，支持社会力量参与长城保护。长城保护需要吸引广泛的社会力量参与，需要吸引不同年龄段的人关注。政府有关部门鼓励社会力量依法、有序、科学地参与长城保护工作是长城保护的必经之路。要鼓励社会公益组织参与长城保护工作，要开展长城保护志愿服务工作，要发挥高校和科研院所等专业机构力量参与长城保护研究，以提高长城保护工作的水平。

要充分利用高等院校打造中国长城研究与交流的基地，进行跨地域、跨学科的长城研究工作，推动世界范围内的长城学科建设。要搭建更多的学术研究活动平台，有了这样的平台，参与进来的专家学者就会越来越多，学术成果才会越来越丰富。

建立长城保护检察院公益诉讼制度。长城保护检察院公益诉讼制度开始于河北省。2019 年 6 月 5 日，河北省人民检察院联合河北地质大学共同举办了长城保护检察公益诉讼研讨会，与会人员从立法司法、文物保护、旅游开发等角度，就长城保护检察公益诉讼进行了研讨。

自 2020 年 6 月河北省人民检察院部署开展长城保护检察公益诉讼专项监督活动以来，共立案办理长城保护公益诉讼案件 174 件，发出检察建议 103 件，磋商办理 76 件，提起民事公益诉讼 1 件，提起行政公益诉讼 2 件。通过办案，督促修复受损长城 87 处，划定保护范围 60 处，规划修缮方案 34 个，完善警示标识牌 933 处，拆除违章建筑 43983 平方米，推动争取文保资金 857 万余元，追偿生态修复费用、惩罚性赔偿金等近181万元，修复长城保护范围内生态环境面积103800平方米。

最高人民检察院也开始进一步深化与文化和旅游部、国家文物局的沟通协作，着手联合发布长城保护专题公益诉讼典型案例，举办长城保护检察论坛，总结推广甘肃、河北、陕西、内蒙古等地典型经验，邀请长城保护专家授课，加强专题业务培训等，指导地方检察机关找准长城保护公益诉讼的切入点和着力点，充分发挥检察一体化办案优势，结合服务保障长城文化公园建设，促进跨区域执法标准统一规范。

（3）抓住重点，以点带面，特色分明。保护长城生态环境义不容辞。保护长城要做好长城区域生态资源（图7-4）现状调查，掌握各个地方的不同情况，对其生态脆弱性进行分析。针对造成中国长城沿线生态脆弱的自然因素和人为因素，做好保护工作。

长城国家文化公园建设，需要处理好文物保护和文化共生之间的矛盾，既保护好长城遗迹并做好长城建筑本体的修缮，又能让更多人走进长城历史文化，还要突出生态保护的理念。特别是在陕西、宁夏、甘肃等地长城沿线，水土流失和风沙危害严重的地区，要把长城国家文化公园建设和生态保护工作紧密地结合起来。要采取保护水土与防治风沙相结合的措施，以生物措施为主，采用各种手段恢复和建设长城内外地表植被，以减少水蚀和风蚀对长城本体的危害。

推进长城保护数字化。数字技术在长城文化遗产保护的运用中是非常重要的。采集信息很重要，有了这些信息或数据之后进行信息处理，使其结果能够更好地应用于文化遗产保护。对长城遗址实施定时、定量的监测，是实施长城保护管理的基础。

保护长城这个特殊的文化遗产，有很强的复杂性。长城遗址的体量之大，长城保护涉及的面积之广、遗存类型之丰富都是其他文化遗产不可比拟的。借助多种多样的数字化信息技术，可以实现全要素的信息获取。这些信息可以涉及空间的维度，也可以涉及时间的维度。

数字化参与长城的保护和利用，需要将分布在15个省、自治区和直辖市的长城进行资源整合。长城多处于野外，给实际的调研工作造成了一定的难度。长城的数据采集量和处理量巨大，时间和空间两个维度都有难度。

中国历朝历代的长城修建工程跨越2000多年，长城保护和利用呼唤新的技术方法。把信息技术引入到长城文化遗产的保护和利用中来，是一个对长城本体保护和文化阐释跨学科的开拓。通过数字技术的应用促进长城文化遗产保护与利用，需要构建一套技术方法体系。

图 7-4　《春到边关》（北京怀柔明长城大榛峪段）（董旭明摄影）

① 长城数字化信息的采集。通过数字化可以获取多层次信息，比如长城沿线的一段墙体，通过数字扫描之后，可以细致地掌握遗址的真实状况。只有获取了足够丰富的信息，才能为研究和保护提供丰富的信息支撑。

全面数字信息的获取，可以直观地表现每一处长城的基本特性和历史价值。

② 加强长城数字化信息的处理。高效地处理信息数据，能够更快、更精准、更清楚地了解长城所受到的侵害，使长城保护措施更到位。长城信息数字化，能够精准刻画长城每一种类型和每一处的状态，帮助人们认知长城损毁的演进过程，采取更加精准的保护措施。

③ 数字化长城保护监测。在长城保护和文化传承方面开展数字化信息技术应用是一个新课题。在文化遗产地数字再现、监测预警体系中确立以“问题导向”和“内容大于形式”为指导的原则，建设文化遗产地保护和预防潜在风险的三维可视化信息资源管理平台是非常必要的。目前可以通过卫星导航系统，随时获取长城遗址的现场信息，通过全过程的信息获取，动态地监测每一个段落长城的变化。动态和实时地获取信息，能够满足长城保护的全要素要求。

通过建立高精度实景三维模型，创建空间型三维档案，最大化地利用科学技术手段进行长城建筑及遗址数字化留存。

根据文化遗产地现场勘查情况和需求，研究、监测、评估和分析，形成监测报告，为日常维护、保护工程实施、突发事件的决策提供数据支撑。

④ 长城保护的虚拟修复。近年来，国家文物局在对长城文物本体保护修缮中，提出了文化遗产虚拟修复的新需求。长期以来，长城修缮的设计方案一直是上报纸质的方案，最后长城修复出来的结果难以看出景象。如果有了长城的实测数据，通过虚拟技术对长城做出虚拟修复，可以直观地看到修缮后的结果。虚拟修复长城，最大的好处就是成果直接可见。可以通过长城文化遗产虚拟修复、补足长城建筑缺失的部位。这项工作很可能成为一个特殊的行业，它的意义是能够以数字化的形式，为遗址本体修复提供科学的指导和有价值的参考。

⑤ 数字化信息应用于文化传播。今天的文化传播，不应该只是那些印在纸张上的文字。通过数字化应用，让长城文物、遗址真正动起来、活起来，用活化的数据加上人文情感的实景或动漫带来全新的观感。

⑥ 利用科学技术研究、形成长城遗产活化。针对长城文化遗产活化利用缺乏科学技术支撑的现实问题，结合长城国家文化公园建设的具体任务，发挥最新数据及技术方法的作用，通过定量分析与评价，使长城在不同空间背景下，在不同程度人流、不同素质人群面前受到潜在威胁的可视化，从而制订科学合理的应对措施。

三、把握好长城保护利用的关系是打造长城世界文化名片的关键环节

长城文化公园项目建设是国家展示长城保护利用关系的样板工程。各级政府和相关部门在具体贯彻落实这项工程的实践中，要切实从三个方面下足功夫、抓出成效。

一是深入调研，探索内涵，把握关键。保护利用是长城工程的关键，调查研究是探索挖掘长城文物、文化外延和内涵的先导基础性工作，是极其关键的重要一环。没有调查研究，就发现不了问题，就掌握不了全局，就抓不住重点，则一事无成。

二是抓纲带目，系统推进，选好突破口。俗语说家有三件事先捡急的办，讲的就是要分清事物的轻重缓急。在贯彻落实法规条例的具体工作中，地方政府要在学法、懂法、依法、执法过程中处理好政策和策略的关系，在推进全局工作的同时要因地制宜选准地方工作的突破口，既要做好国家分派的大事，也要做好和群众切身利益相关的小事。

三是协调共管，拓宽手段，形成合力。长城保护利用工作会涉及政府多部门和社会公共利益，协调好文化文物主管部门与公检法、规划、城管、市政、财政、科技及工青妇、社会团体等部门的关系非常重要，这是形成合力的关键。只有形成合力，长城的保护利用才不是一句空话，涉及长城保护利用的一件件事情才会得到扎实的落实。

四、深刻理解建立长城国家文化公园是保护利用长城的重大举措

《长城、大运河、长征国家文化公园建设方案》在指导思想和建设原则开篇的第一句话就阐明“国家文化公园是国家推进实施的重大文化工程”。

如何理解“重大文化工程”中的“重大”两个字？2019年8月20日，习近平总书记在嘉峪关听取长城保护情况介绍时强调：长城凝聚了中华民族自强不息的奋斗精神和众志成城、坚忍不拔的爱国情怀，已经成为中华民族的代表性符号和中华文明的重要象征。要做好长城文化价值发掘和文物遗产传承保护工作，弘扬民族精神，为实现中华民族伟大复兴的中国梦凝聚起磅礴力量（图7–5）。人们经常讲，长城是中华民族的灵魂，是中华民族的脊梁，特别是在国家和民族危亡的时候，“把我们的血肉，筑成我们新的长城”成为救国救民的精神支撑。保护、传承、利用好宝贵的长城历史文化遗产，是我们这一代人的重要责任，也是我们的历史使命。

长城国家文化公园建设作为“国家推进实施的重大文化工程”，需要集中力量、扎实有效地推进。目前，国家和各省（自治区、直辖市）的《长城国家文化公园建设保护规划》的编制工作已经基本完成，建设工作要遵循规划，处理好线、面、点的关系，处埋好四大主题功能区和五大工程的关系，处理好历史文化遗产保护和推动文旅融合、农旅融合发展的关系。

抓好《长城国家文化公园重大工程建设方案》确定的45个国家重点项目的落实，形成一批好的成果。把握住重要时间节点，扎实推进项目建设进度。把长城保护工作与发展文化旅游产业结合起来，让长城沿线的老百姓有更多获得感。只有这样，才能最大限度地争取长城沿线广大人民群众的理解和支持。

长城国家文化公园建设最重要的是深入挖掘长城的文化内涵，这个文化内涵涵盖历史文化和时代文化。将长城所蕴含的中华优秀传统文化精髓和其对人类世界文明发展的智慧、启迪结合起来，让人们在接触长城本体的同时，进一步认识长城的历史文化、时代文化、精神境界，去亲身感受保护、利用长城的“突出意义”“重要影响”。这里强调的“突出意义”应该特指长城在全国文化资源之中具有的“重大主题”的独

图 7–5　河北省怀来县水头明长城（董旭明摄影）

特意义；这里强调的“重要影响”则指的是长城自产生之时起，在其发生作用的2000多年间，对中国古代社会乃至对今天社会所产生的重要影响。选择具有“突出意义”的长城段落，就是选择对军事、经济、文化等诸多方面中的某一方面具有重大影响的段落；而“重大主题”则是指在与长城相关的历史时期，在对边疆区域社会生活有着重大影响的事件中挖掘出重要的内涵。

整合具有突出意义、重要影响、重大主题的文物和文化资源，讲的是将意义重大、影响重大、主题重大的地方选择出来。这样做的目的是通过深入挖掘并展示与长城相关的历史文化，弘扬中华民族坚韧自强的民族精神和爱国主义精神，展现新时期实现中华民族伟大复兴的精神风貌。

长城国家文化公园要建设一批爱国主义教育基地、教育培训基地、社会实践基地、研学旅行基地，组织长城爱国主义教育活动，提升长城文化的教育价值、爱国主义精神的传承价值，弘扬中华民族团结奋斗、众志成城的爱国主义精神，以及坚韧不屈、吃苦耐劳的民族精神，打造长城文化的标志性品牌。

1. 打造主体功能区

长城国家文化公园建设是国家文化工程的“高光时刻”，它将根据历代长城所形成并留存的各类长城文物、文化资源，进行统一规划和整体布局，重点建设管控保护、主题展示、文旅融合、传统利用四类主体功能区。

（1）第一个主体功能区是管控保护区。管控保护区是对长城及相关文物本体保护而设置的，应该是和长城保护规划确定的文物保护单位的保护范围相一致，管控保护区的范围不仅对长城文物的本体进行保护，还要对长城所在地的周边环境实施严格的管控。

（2）第二个主体功能区是主题展示区。包括核心展示园、集中展示带、特色展示点等展示空间。核心展示园是人们参观游览的地方，所以核心展示园既要位于国家级文物和文化资源的重点地段，还要交通便利。

在主题展示区里，核心展示园是核心。长城作为线性文化遗产，集中展示带也非常的重要。要把长城文化带上相应省、市、县级的文物资源，汇集成文化载体密集的文化展示带，将这条线上与长城相关的文物资源串联起来，形成一条长城历史文化的集中展示带。

主题展示区里还要有特色展示点，主要是一些有特殊文化意义或者是体验价值的长城相关文物点。主题展示区的功能主要是展示、宣传、传播文化，应该是使游人通过长城场景的体验，激发其与长城历史文化的对话感，通过交流和沟通，形成共鸣和认知。长城场景的表达必须强调理性和感性的交融，让游人通过了解长城认识到中华民族的发展历程，能感受到长城所凝聚的精神和长城文化带给人类的智慧。这就需要把长城历史文化信息发掘好、整理好、传播好，而研究长城就是为了更好地发掘这些内涵，长城文化信息只有被很好地传播、吸纳才能发挥其社会效益作用。

长城文化主题展示区还要通过时间和空间的维度，阐释长城为什么能在中国产生、发展，长城发展的过程对社会发展的推动作用有哪些，长城文化与人类文明的进步有什么关联，长城使用功能与不同时期人们生活的进步有什么联系等，形象地去解读长城能作为国家和民族象征的原因。

长城文化传播需要以多样的形式进行更多的互动，用更轻松的方式进行更有情感的交流，使更多的人能在长城国家文化公园中，感受家国情怀和群体情感的文化能量。

长城历史是由重要的历史事件、历史人物、历史成因等构成。公园展示区旨在向公众介绍这些历史事件的发展过程、发生原因，事件中的人物，产生这些历史人物的环境，以及他们的生产生活方式、思想观念、风俗习惯和社会风尚。

长城传承的历史和艺术价值，就在于从长城遗迹遗存之中、在今人和古人的对话之中得以体现。

长城文化遗产的科学价值则是通过社会进步、技术发展的程度，长城的选址布局、生态保护、防灾理念及建筑本体造型结构设计等方面去体现，从而进一步了解古人的设计和规划理念。

（3）第三个主体功能区是文旅融合区。文旅融合区主要是利用长城文物和文化资源的辐射效应，推动长城区域的经济发展和社会进步。在文旅深度融合发展的主体功能区，做到文化引领，彰显文化特色。一定要充分体现中华民族伟大的创造精神、奋斗精神、团结精神、梦想精神，把新时代的风采展现出来。

① 打造一批景区型文旅融合区。文旅融合是以长城主题展示区为核心，联动长城周边可看可览的历史文化、自然生态、现代文旅优质资源，在严格保护的基础上，适度开放一批长城新景区，发展长城旅游新业态，重点推动山西、内蒙古、陕西、宁夏、甘肃等中西部地区明长城，河南楚长城和山东齐长城，甘肃、宁夏、新疆、内蒙古秦汉长城，内蒙古和黑龙江金长城等长城新景区的建设，改善长城景区发展不均衡现状。

要在长城观光游览项目的基础上，开发长城研学旅行、红色旅游、非物质文化体验、旅游演艺活动等产品，将文化内容融入产品体系中，做好长城景区体系的提档升级，建设一批古城古镇型文旅融合区，发展一批特色乡村型文旅融合区，培育一批养生度假型文旅融合区，推出一批联动型文旅融合区。

② 对已经开放的长城景区体系做提档升级工作。进一步做好长城景区产品开发与设施配套建设，为游客提供更好的长城观光与文化体验。摒除“上车睡觉，下车撒尿，到了景区就拍照，回家啥也不知道”单一模式的游览现象。传统知名的长城景区包括八达岭长城、居庸关长城、山海关长城、嘉峪关长城等，都存在已无法满足旅游产业系统升级及游客消费需求的问题。一些小规模的长城观光景区仍处于低水平建设的阶段，滞后的发展无法适应时代发展的需要。长城观光型旅游景区旅游产品的深度开发和文化挖掘和展示，已经到了必须提高的程度。增加旅游感召力，强化标志性的旅游品牌；推动相对成熟的 AAAA 级长城景区提升品质、完善设施配套和优化服务管理，创建国家 AAAAA 级旅游景区；推动一批 A 级旅游景区进一步完善产品开发与设施配套，提升现有景区质量等级。

③ 建设一批古城古镇型文旅融合区。全方位推动长城与周边古城古镇文化和旅游的深度融合，尤其是与长城建筑历史密切相关的古城古镇，如在长城防卫体系中具有重要地位的九边重镇，以及在重要关城、重要驿道上的古城古镇（图 7-6）。重点开发古城古镇文化观光、文化休闲、文化主题度假、非物质文化遗产体验等产品，形成文化特色鲜明、要素集聚发展、产业链组织高效的具有长城历史文化特色的古城古镇

图 7-6　山西大同天镇水磨口村（董旭明摄影）

型旅游目的地。在严格保护古城古镇的基础上，将古城古镇作为长城旅游的产品配套基地和接待服务基地，为长城旅游提供各项配套服务。将古城古镇的文化、民俗作为长城文化的重要组成部分进行展示和推介。将长城文化元素融入餐饮、住宿、购物、娱乐等接待服务要素中，增强长城文化体验感。提炼长城文化和地域文化要素，融入城镇景观塑造中，形成具有鲜明地方文化特色的古城镇风貌。

④ 发展一批特色乡村型文旅融合区。深度挖掘长城沿线的农耕文化、游牧文化、渔猎文化等地域文化特色，研究长城军事防御体系与长城沿线乡村聚落形成与发展的关系，推动长城乡村旅游与长城农耕文化、游牧文化、军事文化、民族文化、边塞文化、

非物质文化遗产融合，发展一批具有塞外文化特色的特色乡村型文旅融合区，打造一批长城人家、长城社区、长城村落。制定长城人家、长城社区、长城村落的评定标准。推动建立长城人家、长城社区、长城村落的申报与评定机制。丰富乡村旅游业态，建设一批田园综合体、农业公园、农村产业融合发展示范园、休闲农业精品园区（农庄）、现代农业示范区、教育农园等农业观光、科普、休闲产品。开发乡村博物馆、乡村节庆、乡村非物质文化遗产体验、乡村演艺、乡村文创等长城乡村文化休闲体验产品，鼓励有条件的地方发展乡村康养、乡村度假、乡村养老产品，制定长城乡村民宿、乡村旅游服务等标准。开展乡村旅游服务人员培训，引导长城乡村旅游规范发展。支持长城沿线乡村景观美化、绿化，完善乡村旅游厕所、咨询服务、供水供电、垃圾污水处理以及停车、环卫、通信等配套设施建设。

⑤ 培育一批养生度假型文旅融合区。以长城周边的森林、湖泊、温泉、冰雪、中医药资源等养生度假资源为依托，在长城沿线打造一批旅游度假区、森林康养基地、中医药健康养生旅游基地、旅游度假小镇等，打造一批养生度假型文化和旅游融合发展区。挖掘长城的文化内涵，提炼长城的文化元素，通过演艺、文化艺术创作、非物质文化遗产体验等方式，融入养生度假产品开发中。推进长城文化主题酒店、主题餐饮、主题商品、主题娱乐等使度假服务要素主题化，打造具有长城文化内涵和特色景观风貌的文旅融合区。

⑥ 推出一批联动型文旅融合区。由长城主题展示区同周边其他类型的历史文化、自然生态和现代文旅优质资源组成，如风景名胜区、地质公园、森林公园、湿地公园等自然生态资源，文物保护单位、工业旅游区、城市旅游区等人文资源。加强长城与周边自然生态资源的整合与联动发展，加强对自然生态科学内涵的挖掘和展示，通过系统解说和演艺等方式，融入长城文化内涵，推出低空飞行、登山步道（图 7-7）等观光产品。加强长城与周边文化资源、产业资源和城市旅游资源的联动发展，包括交通连接、线路串联、客源互送、联合营销，共同推出区域精品线路等，使长城的保护利用工作凸显以人为本的理念。

（4）第四个主体功能区是传统利用区。城乡居民传统的生活、生产区域，通过合理保存传统的文化生态，适度发展文化旅游，发展特色生态产业（图 7-8）。在这个区域，要适当控制大规模的生产经营活动，逐步疏导不符合国家文化公园建设规划要求的设施和项目撤出这个地区。传统利用区不仅是今天的建设内容，而且是一代代的人在这个地区从事生产、生活形成的特色传统的一个区域。对传统利用区最重要的

图 7-7　朔州广武明长城步道

图 7–8　长城脚下的羊群（吴建平摄影）

是保护这里的特色，同时要适度地发展文化旅游和特色生态产业。

到 2025 年底，基本完成全国第一批长城国家文化公园建设任务，形成一批可复制推广的沿线文物、文化资源；推出一批保护传承利用责权明确、监督管理模式规范、长城专题研究出彩等方面的经验成果。

远期目标是到 2035 年，全面完成长城国家文化公园建设的各项重点任务、重大工程、重要项目，全面建成长城国家文化公园体系，彻底改善长城沿线旅游基础设施条件和公共服务保障能力，实现文化和旅游与相关产业深度融合，打造一批符合先进理念、国内外知名的长城特色品牌。

2. 建设长城文化公园的五大工程

长城国家文化公园建设的五大工程包括：保护传承工程、文化研究挖掘工程、环境配套工程、文旅融合工程、数字在线工程。

（1）保护传承工程。要切实做到“实施重大修缮保护项目，对濒危损毁文物进行抢救性保护，对重点文物进行预防性主动性保护”。长城国家文化公园建设开展以来，一些地方政府有很强烈的复建长城、开发旅游的冲动，如果处理不好会造成对长城文化遗产的破坏。因此，在长城修缮过程中，应当坚持最大限度地保护长城的本体存量、最大限度地保留长城承载的历史信息、最大限度地提高工程施工质量，始终坚持长城保护传承工程最小干预的原则。对有损毁可能的长城文物遗址遗存进行抢救性保护，这也是保护优先的基本原则。长城保护要做好预防性、主动性的保护，要把长城倒塌的风险控制住，还要防范不恰当的开发和过度的商业化。

长城本体保护修缮中“度”的把握是一个社会普遍关注的问题。“度”的第一要务是安全性问题。安全既包括长城建筑本体的安全，也包括开放旅游景区的游人安全。即便暂时不开放的地段，维修之后也依然会有游人前往，依然要把安全问题放在首位。第二要务是注意真实性问题。要坚持最小干预原则。如何定性最小干预，如何进行定量掌控，如何保持长城沧桑古朴的历史感，都需要有关部门和专家一起严格把控。具有重大意义的长城关隘是否一概不能复原重建，对于非常重要的、符号性的、地标性的长城遗址是否应该作为文化形象加以复原再现，这些问题都需要专题研究论证。第三要务是注意完整性问题。历史上的长城是一套军事系统，除了敌楼、边墙，还包括周边的城、堡等。仅修缮边墙是否能体现世界遗产的完整性？对于不同现状的城堡的保护、维修与利用应采取什么原则？特别是这些长城沿线的关隘、城堡都演变成为聚落，即今天所说的古镇、古村，其保护和活化工作如何与长城保护修缮工程相衔接？长城保护维修和展示工程，做得好无疑将进一步扩大长城作为世界文化遗产的影响力，使其成为遗产地文化建设最宝贵的资源和地方经济社会发展的新动力，做得不好就会使保护失去意义，落得破坏文物的骂名。因此，只有抓好现有的各项法规、制度的执行，完善监督管理机制，加强长城修缮工程设计、施工、监理和文物管理部门的有效互动，才能切实有效地确保长城修缮工程的科学、合理。

（2）文化研究挖掘工程。长城国家文化公园内建设的博物馆、纪念馆、陈列馆、展览馆等展示场馆都需要有具体内容的支撑，这就需要加强对长城历史文化的研究和对地域文化的挖掘，要具体到定课题、定时间、定人员，明确任务，实现成果。

（3）环境配套工程。这项工程是要修复长城不同程度遭到破坏的周边空间环境，在充分利用大自然生态系统的自然修复能力的同时，加强对水土流失和生长植物的治理，使人文风貌与自然环境和谐统一，较大幅度地改善旅游环境的硬件设施。

（4）文旅融合工程。文旅融合工程强调对长城保护利用关系的协调发展，是对长城及相关的优质文化旅游资源推进一体化的开发利用。打造一批国内长城文旅融合发展示范区，培育一批有竞争力的长城文旅企业，培育一批有竞争力的文化旅游产品。开发长城文化旅游，培育长城文化旅游商品，目的是扩大文化消费的供给，从而满足旅游市场的消费需要。

（5）数字在线工程。数字在线工程就是要加强数字化基础设施建设，这是实现主题展示的重要基础和手段。四大功能区要实现无线网络的全覆盖，实现第五代移动通信网络的全覆盖，充分利用现有的技术条件、现有的设施和数字资源，尽量满足人们的需求。

长城国家文化公园的官方网站建设也已经完成并向社会开放，内容正在不断地丰富和完善。数字在线工程目的是依托国家数据共享交换平台体系，打造永不落幕的网上空间。

长城国家文化公园建设现在已经基本完成了顶层设计、制定规划阶段。下一步是项目实施和推进阶段，首要的是集中力量，实施一批标志性的工程。各省、市也要形成长城文化公园建设的省级项目库，要按照长城本体、长城村落、长城记忆、长城烽火和长城风景，梳理出重要的入库项目。

总之，长城国家文化公园建设是一项宏大的国家文化工程（图 7-9），是一项倾举国之力、全民参与的重大工程。这个工程不仅是长城的保护工程，更是长城的利用工程。在这个工程实施的过程中，最为关键的一点是保护好一切和长城相关的文物和文化资源，利用好这些和长城相关的资源，去拓展、弘扬长城在人类世界中的独特的魅力和智慧。

你从远古走来，
用历史筑起大爱。
你向未来走去，
用底蕴展示豪迈。

你从东方走来，
用文化彰显智慧。
你向世界走去，
用担当袒露风采。

你用止战的风，
传递着和平愿景。
把秩序的真谛，

融入每个人的血脉。

你用成长的路，
倾诉着生存之道。
把兴亡的谜底，
嵌入每个人的胸怀。

你用顽强的根，
体现着发展信念。
把文明的延续，
注入每个人的期待。

你用无限的情，
贯通着人类觉悟。
把理想的弘扬，
纳入每个人的承载。

你用信仰的魂，
传播着求同存异。
把命运的共生，
载入每个人的未来。

你用和谐的韵，
洋溢着包容、诚信。
把利益的共享，
汇入每个人的心海。

图 7-9　保护好长城是一项宏大的文化工程（董旭明摄影）

参考文献

[1] 陈琳国，陈群. 中华民族的形成[M]. 广州：广东人民出版社，1996.

[2] 舒乙.罗哲文纪念文集[M]. 北京：中国文史出版社，2013.

[3] 万里长城第一人[EB].“长城人”公众号，2021-08-21.

[4] 周庆富. 发掘长城文化价值　弘扬民族精神[N]. 澎湃网，2021-09-14.

[5] 孟宪利. 八达岭就这样被寄到世界各地[N]. 北京日报，2018-07-16.

[6] 长城史料——外国人眼中的长城[EB].“运河之上”网易号，2017-12-20.

[7] 李戈瑞. 长城是中华民族复兴的文化符号[J]. 万里长城，2020（03）.

[8] 杨德春. 关于“长城精神”和“长城文化”的几个问题[J]. 黄冈职业技术学院学报，2018（01）.

[9] 中国国家博物馆. 文物春秋战国史[M]. 北京：中华书局，2009.

[10] 中国精神包括哪些精神[EB]. 百刻说网. 2023-02-09.

[11] 张漫子. 保护好长城建筑　挖掘好长城精神[N]. 新华网，2019-10-31.

[12] 赵丽娜. 什么是长城精神，“长城博览在山西”长城精神研讨会纪实[N]. 山西晚报，2021-04-18.

[13] 北京市人民政府新闻办公室、光明网、中国公共外交协会，联合拍摄制作.《外国领导人登长城》系列微视频[DS]. 长城国家文化公园数字平台.

[14] 黄超. 试论中国长城的建筑和功能及其文化[C].中国长城文化学术研讨会论文集[G]. 北京：中国书籍出版社，2020.

[15] 张靖. 长城因何伟大[EB]. 星球研究所公众号，2020-07-27.

后 记

一个约定 一生承诺

结识长城应该从孩提时代算起，因为我的出生地在北京昌平南口镇。那时候祖籍居庸关四桥子村还有祖宅和七八棵老核桃树，每到秋季都要同长辈一起坐火车回老家收核桃。绿皮火车有景点广播介绍，在听广播的同时趴着车窗看外边的长城，这个时候，我都会问奶奶长城是怎么来的，是谁修建的这类问题。奶奶的文化水平不高，所讲述的故事也没头没尾。一次，我还挺严肃地和奶奶说：靠记忆怎么行？等我长大上了学，一定要把长城搞清楚、写成书。记得奶奶还挺惊讶地看着我说：孙子要长本事了！

我算是一个喜欢读书的人。由于父辈的启迪，我知道读书可以开拓人的视野，增长人的知识，所以在还没上学之前，就把大杂院里哥哥姐姐们淘汰的语文课本翻烂了好多册。我还是一个喜欢带着一定目的读书的人，比如我生在北京昌平，就喜欢把和北京昌平有关的书找来读，一但发现和昌平历史文化有关的古籍和作品，都要细致地品读，从中找到历史中和自己家乡有重要关联的内容。应该说，这个习惯对我人生影响还是足够大的。

孩提时见过的长城和说过的话深深地印在了脑海里，即便是后来务农、参军、走上工作岗位也不曾忘记，每每经过有长城的地方，都要了解考察一番，也总会在不同的季节从不同的角度去拍摄长城。

真正的考察、研究长城，是从部队复员后的1981年春天开始的。因为昌平（当时还是县）是北京的文物大县，我曾为此特别的自豪，在共青团县委、县委办公室、县纪律检查委员会和县委宣传部工作的时候，只能是利用业余时间了解一些情况、查看一些古籍资料。调到县文化文物局任副局长的1994年，开始系统地整理昌平地域内国家级、市级和区级文物，把著名的居庸关长城、云台、银山塔林、明十三陵、大运河源头遗址、北武当山、龙山都龙王庙等全部纳入自己踏勘调研的范围内。

也就是从这个时候起，一个圆梦的计划成为时时激励我前行的动力。我用了近30年的时间攀爬了和境内长城有关联的山脉，阅读了和昌平历史文化有关的所能查找到的文献，也写出了相关的文物素材和大量专著和文学作品。就在此期间，我通过了解长城结识了长城学会的副会长董耀会，也由此和董耀会有了一个“山海关和居庸关约定”。

《中国长城博物馆》杂志（2007年第二期）曾经刊登过一篇《杨广文与“世界新七大奇迹”评选》的文章，把我和董耀会的相识相交写得比较透彻，现摘录一段。

“2007年5月底，中国长城学会组织相关人员到挪威考察世界文化遗产，成员中有一位担任北京市昌平区文化委副主任的杨广文。在为期一周的考察期间，杨广文看到董耀会副会长每天都要通过网络关注‘新七大奇迹评选’的进展，尤其为长城评选票数已经跌出前七名而焦虑不安。

考察结束后，在返回北京的飞机上，杨广文对董会长说：我的家乡就有长城，著名的居庸关长城就在我们昌平，这次我要力争为长城当选做实一件事，您等着我的好消息吧。

原来，在挪威考察的短短几天中，杨广文的心里同样也惦记着评选‘新七大奇迹’这件事。他认真地和董耀会分析过：我们是人口大国，长城在世界上的影响之大靠投票当选本应是情理之中的事，但问题是国内很少人知道这件事儿，更不知道投票的方法。怎么才能使长城得到更多的选票？当时他就动了一个念头：昌平是北京高校最密集的区，年轻人多，大学生多啊，自己作为一名青联委员，一名共青团昌平县委的前副书记，是应该发挥作用了。

回到北京刚下飞机，他就与团区委书记、青联主席赵宝东进行了联系，就怎样提高长城的支持率进行沟通，建议由团区委和区青联组织发挥号召力，在全区高校和团组织中开展‘我为长城投一票’的活动，同时他还以区青联委员的身份庄重地递交了‘我为长城投出庄严一票’的倡议书。

方案一经确定，团区委、区青联马上行动，立即向全区 23 所高校和全区青少年发出了倡议！倡议发出后，中国政法大学、中国石油大学、北京化工大学、北京吉利大学等23所高校的大学生们积极响应，结果在短短的半个月里，在昌平区内，就有数万名大学生和团员青年为长城投了票。

动员高校大学生的模式在全国复制，最终有一百多所大学参加了这一活动。中国的万里长城以最多的票数当选世界‘新七大奇迹’之首。”

能和董耀会相识并能一起探究长城，是我的人生大幸！要知道，当年他和两位同仁用了 508 天从山海关到嘉峪关徒步考察长城的壮举，曾经感动过多少中华儿女，也正是从他们的言行中，我更加深刻地了解和认识到了长城所承载的宽广和深厚的历史文化内涵，以及长城和我们每一个中国人之间的密切关联。

2007 年 7 月底的一天，我接到了董耀会打来的电话，邀请我参加“第五届中国·山海关国际长城节——长城和平论坛”，论坛中我从头至尾认真聆听了中外友人的每一个发言，并在论坛终结之际，献上我写的即兴小诗“千年古迹展雄风，万里长城结友情。秦皇岛上谈佳话，山海关前论和平”，得到了与会者的热烈掌声……

这次长城和平论坛之后，我和董耀会接触的机会更多了一些，此后又再次精读了他的多本有关长城的专著，在他的倡导、参与和关注下，我们不断地扩大“长城朋友圈”，一起探寻长城的历史文化意义和现实价值，一起研究和讨论怎样让长城文化为世界和平发挥更大的作用，一起为践行“山海关和居庸关的约定”而努力。因此，我俩就设想通过写出一本书让大家比较系统地对长城和它所孕育的文化和精神有所了解。

想法容易动笔难，难就难在以往所写的长城多是从长城本体去写踏勘、研究的成果，而写文化内涵、精神层面的比较少。于是我和董耀会、李纯同志一起，又用了大半年的时间，反复地参阅、学习国内外专家、学者的大量著作和论文，进一步领会中央领导同志相关重要讲话精神，在线上和线下多次和长城（城堡）志愿者同盟及沃友文化的专家研讨、修改书稿，才使得“山海关和居庸关的约定”终成现实。

在本书付梓之际，我们要特别感谢《中华民族的形成》一书作者，是他们的成果充实了本书的相关内涵；还要感谢参考文献中的其他学者，是他们的研究付出为本书丰富了大量文化和精神方面的素材。

关于长城精神还会有很多深层次的内涵需要挖掘，我们只是在热爱长城、倾心长城保护利用工作的同时做了一些探索研究和总结归纳。期待有更多的朋友关注这个主题，写出更多更好的作品，让长城精神在新时代走向世界、深入人心！随着更多、更新、更有价值的长城历史文化内涵被挖掘和发现，长城古风新韵焕发出的智慧、觉悟一定会被世界上越来越多的人所认同和采信！

杨广文

2023 年 4 月 15 日